AF449734

Rafael de Nogales Méndez

# Memorias

## Tomo I

Barcelona **2024**
Linkgua-ediciones.com

# Créditos

Título original: Memorias I.

© 2024, Red ediciones S.L.
Traducción: Ana Mercedes Pérez.

e-mail: info@linkgua.com

Diseño de cubierta: Mario Eskenazi.

ISBN rústica: 978-84-9007-805-1.
ISBN ebook: 978-84-9007-503-6.

# Sumario

## Brevísima presentación

### La vida

Rafael de Nogales Méndez nació en San Cristóbal, Estado Táchira, el 14 de octubre de 1879 y murió en Ciudad de Panamá, el 10 de julio de 1936. Se llamaba Rafael Ramón Intxauspe Méndez, pero se le conoce como Rafael de Nogales porque prefirió la traducción al español del apellido vasco Inchauspe. Fue militar profesional y guerrillero, conspirador político y espía, cazador y viajero, escritor y conferencista. Hablaba seis idiomas y frecuentó a la nobleza de Bélgica, Alemania y España.

Rafael Nogales Méndez combatió al lado de Zapata y luego de Pancho Villa. Participó en la defensa de Nicaragua bajo las órdenes de Sandino. Combatió a los estadounidenses en Cuba, derrotó a los ingleses en Arabia y alcanzó el grado de general del ejército de Turquía. Ha sido excluido de la historia por considerarse enemigo de Estados Unidos.

Recorrió cuatro continentes y su divisa era: «Cuando veas una guerra buena, alístate para combatir en ella».

Sus libros son un ejemplo de la literatura biográfica venezolana, y también el testimonio histórico de un gran hombre que vivió mil batallas.

«El general de Nogales era el hombre-noticia. Daba la impresión de una mente en permanente vigilia, con los ojos brillándole en la penumbra como dos brasas y una cierta actitud nerviosa sobresaltada de soldado en la estrategia.»

### La obra

En sus *Memorias*, Rafael de Nogales Méndez, cuenta las aventuras que vivió en numerosos países, describiendo con deleite a sus amigos, relaciones, actividades y costumbres. Pero lo más conmovedor del texto, desde un punto de vista literario, es el posicionamiento de su voz narrativa. Al inicio de sus *Memorias* hace una distinción entre el aventurero y el caballero andante y se incluye a sí mismo en el segundo grupo.

El primero es «un iletrado pedante, o socialmente un caballero ocioso, fuera de combate, que no posee una carrera en particular y que siempre está buscando ingeniosamente el modo de hacer dinero, lo que para él es

primordial y digno de cualquier culto, aun cuando fuese asesinato, deshonor».

En cambio, el caballero un caballero andante: «...un caballero de nacimiento. Para toda voluntaria o desinteresada acción audaz tiene un gesto
elegante.»

## I. Un caballero andante

Ante todo debo aclarar que no intento escribir una autobiografía. Solo quiero referirme a las tantas cosas que me han sucedido y cómo he logrado burlar el peligro. No trato de hacer un análisis de mi vida —he vivido tan demasiado ocupado que no le encuentro razones a la solemnidad—. He vivido en acción, empleando el poder de pensamiento que los dioses juzgaron conveniente otorgarme para un dinamismo permanente y no propiamente para contemplaciones. Por lo tanto, perdonadme o agradecedme si este libro es apenas un incompleto informe de hacia-donde-vamos-nosotros, cuya respuesta siempre queda en un interrogante.

El término *caballero andante* me ha sido dado a través de mi temeraria vida y me satisface el pensar que mis amigos lo han empleado más que yo mismo. Hay naturalmente bastante diferencia entre un *caballero andante* y un *aventurero,* pero puedo también permitirme dar mis puntos de vista al respecto. El *aventurero,* es decir, el moderno Lansquenete o Condotiero, es regularmente un iletrado pedante, o socialmente un caballero ocioso, fuera de combate, que no posee una carrera en particular y que siempre está buscando ingeniosamente el modo de *hacer dinero,* lo que para él es primordial y digno de cualquier culto, aun cuando fuese asesinato, deshonor y todas esas otras ceremonias y rituales de la gran religión de Swag. Un caballero andante es algo más. Es por lo regular un caballero de nacimiento. Para toda voluntaria o desinteresada acción audaz tiene un gesto elegante. A menudo es un soldado de carrera demasiado digno como para vender su espada al mejor postor pero superimpaciente para esperar que la guerra lo siga en sus solares. No puede esperarla, la busca, la crea, la inventa y la dirige. No odia sino el orín en su armadura o una disposición pacífica en su alma. Sale al mundo a romper lanzas por sus ideales; el más fuerte de todos está incorporado en la vieja romántica frase: *actuar o morir.* Para algunos hombres no actuar es morir, morir de desagradable muerte espiritual.

De esa horrible muerte he estado huyendo toda mi vida, pero he estado como doce veces en garras de la otra, tal vez la más común y de cierto la más popular, la muerte física, que indiscriminadamente está sujeta a la acción de aguijones como balas, neumonía e indigestión. Durante mi vida he peleado bajo muchas banderas y bajo muchas lunas, incluyendo la media

Luna de Islam. Me he considerado un ciudadano del mundo en todos los lugares del orbe en que alguna cosa se proyectaba. Un dictador que derrocar. Un ejército de patriotas que organizar y dirigir. Una utopía de oro que sobrellevar. Una ballena que harponear. Una injusticia política que señalar para presentarla desnuda al mundo. En medio de todo ello he sostenido un solo propósito: la liberación de mi país, Venezuela, de la tiranía que lo agobia. Pese a mis esfuerzos, los acontecimientos se mueven allí muy lentamente. Los grandes días se retardan en la inescrutable calma del histórico proceso y mientras tanto el tiempo pasa y hay que hacer algo... Mientras llega esa hora continuaré en permanente actividad. Dios quiera que la experiencia de mis años de lucha pueda concentrarla con fuerza en ese esperado acontecimiento.

Ya sean relámpagos fugaces de un minuto los que hayan contribuido a conformar mi vida como caballero andante, solo el más grande y el más puro parece interesante en este libro: mi ancestro. No es tal vez muy difícil tener antepasados románticos en un país romántico. Yo los tuve. La impaciencia explotó a través de mi linaje desde los días de la conquista, cuando el capitán conquistador don Diego de Méndez ayudó a plantar la cruz en el Nuevo Mundo, constituyendo el más soñador, peligroso y audaz imperio que el círculo solar jamás haya visto. Esta misma impaciencia, siglos después, ayudó a disolver este legítimo imperio, cuando mi abuelo, coronel don Pedro Luis de Inchauspe, luchó bajo la bandera de Bolívar. Fue el mismo incentivo familiar el que me llevó a luchar contra esta revolución de drama roto, contra los estúpidos y bárbaros despotismos que han hecho aflorar como semilla esta prematura libertad, fuera de un rico pero descuidado suelo. He combatido en muchas de nuestras repúblicas, contra las fuerzas tiranas que por un siglo han pisoteado los sueños del Libertador.

Heredamos no solo por la sangre sino también por el ambiente que capta y conserva las virtudes plasmadas por las mentes e instintos de las generaciones que las han desarrollado fuera de su destino. Yo crecí en Europa y salí para Alemania a la edad de siete años pero no puedo olvidar nunca ni nunca podré estar libre del recuerdo de mis días de infancia en mi tierra, bajo la exuberante riqueza de los trópicos de Sudamérica, donde la tierra marcha resuelta al cielo, plasmándose en éste todos sus salvajes decorados que mueren diluidos en las desnudas rocas y cumbres cubiertas de nieve, brillando cual enormes joyas en la profusa luz estelar de las cercanas nubes.

Soñaba con la fuente de mármol en el centro del patio, siempre colmada de manojos de claveles rojos que plenaban el aire de una intensa fragancia. Añoraba la columnata interna de los corredores de la mansión ancestral donde todos los cuartos daban hacia la severa intimidad del patio, símbolo de la holganza y tradición estrictamente guardadas. Solía pasar horas y horas esperando que estas mil y una noches se tornasen verdad —si es que alguna vez fueron pura ilusión— en este raro jardín, bajo el cielo iluminado por la Luna. Y caminando tras esta increíble paz estaba la vaga premonición del peligro, el destino de miles de hogares amenazados por la criminal actividad de gobernantes despiadados, entre la incertidumbre del futuro y la inseguridad de la dicha. Pienso que fui alejado por el azar de este conjunto florido, de este compendio de sangre y miedo para librarme de su contaminación. Esto no ocurrió demasiado pronto. Mi sangre lo reconoció, lo captó y se rebeló... Mientras tanto las ruedas de mi destino iban dando vueltas lentamente hasta que finalmente me forjaron en lo que soy: un caballero andante.

El Casino de Macuto, lo más concurrido en el verano en Venezuela, estaba profusamente iluminado. Algunas de las más bellas debutantes de nuestra Caracas elegante, vestidas a la última moda de París y apuestos caballeros, tanto civiles como militares, se deslizaban suavemente sobre el repulido piso de mármol del patio central. Silueteadas bajo el claro lunar o semidormidas misteriosamente en las sombras proyectadas por las parpadeantes lámparas, majestuosas palmares y pálidas rosas de Castilla, parecían escuchar en suspenso el rítmico rasguear de las guitarras y el retumbar de las olas en la distante playa.

Acabo de cumplir veinte años. Es la primera vez que me encuentro en mi hogar, Venezuela, después de una ausencia de trece años, desde que mis padres me llevaron a educar a Europa. He retornado a Caracas, nuestra ciudad capital, hace apenas tres meses, hablando el español con fuerte acento alemán —razón por la cual el presidente Cipriano Castro, dictador de Venezuela, me miró con cierto aire despectivo durante una recepción en el palacio de Miraflores, luego de espetarle mi parecer sobre el modo como estaba intimidando y torturando al infeliz e indefenso pueblo de mi país. Mi altanería y franca amenaza de que lo atacaría en la primera oportunidad encolerizó a Castro de tal manera que ordenó inmediatamente mi arresto. Afortunadamente el oficial que me sirvió de custodia era mi amigo y me dio la *contraseña.*

Creí primero que me estaba tomando el pelo, pero cuando uno de mis primos vino corriendo a avisarme, mientras me encontraba en un delicioso *tête-à-tête* en el jardín con una encantadora dama, que todo el casino estaba rodeado por la policía y que dichos personajes estaban detrás de mi cabeza, pensé que era conveniente escurrirme, por un tiempo, a lo menos.

Escudándome tras el espeso follaje de algunos laureles pude arribar a la playa donde llamé a un solitario pescador, cuyo minúsculo cayuco o encubridora canoa estaba meciéndose suavemente sobre la marejada enjoyada de Luna. Cuando le pedí que me condujera rápidamente al vapor volandero francés, cuyas luces brillaban a la distancia, fuera del muelle de La Guaira, enfáticamente se negó. Pero cuando lo puse en la encrucijada de escoger entre seis tiros o un billete de diez dólares cambió de parecer y me llevó en su pequeño cayuco hasta el vapor, en donde inmediatamente asegurado en el camarote me dejé ver lo menos posible hasta que estuvimos en alta mar.

Una semana después nuestro vapor atracó en el muelle de Puerto Plata, república Dominicana. Después de despedirme del capitán y de la oficialidad, desembarqué sin sombrero, con el ánimo de comprarme una decente indumentaria. Todavía andaba con mi tuxedo y mis zapatos de charol.

De repente un joven surgió entre la multitud de turistas que estaban observando nuestra llegada saludándome cordialmente. Era un dominicano que había conocido en Londres el año anterior. Luego que le hube explicado lo que me pasaba me presentó a un caballero alto, de buena presencia que parecía ansioso de conocerme. Era el general Mon Cáceres, gobernador de la provincia de El Cibao y futuro presidente de Santo Domingo. Nada menos que quien dos años antes había disparado contra el presidente Ulises Heuraux, liberando así a la República Dominicana del hombre que la había aterrorizado por muchos luengos años.

Mon Cáceres me invitó a ser su huésped, invitación que desde luego acepté, ya que él era todo un señor, dotado de un gran tacto.

Esto acontecía alrededor de febrero de 1901. Con la excepción de año y medio —de enero 1910 hasta julio 1911, que fui ciudadano de Venezuela— he sido un desterrado voluntario de mi país desde entonces, en lucha permanente.

La resolución que tomé aquel día, cuando desembarqué en traje de etiqueta en Puerto Plata fue pasar el resto de mi vida en el exilio, antes que estar de acuerdo o someterme al régimen de Castro o de Gómez. Esto representa la verdadera razón de mi aventura como caballero andante, peleando bajo muchas banderas.

Debo esta explicación a aquellos que me han confundido con un revolucionario profesional o con un sempiterno e incurable militar trotamundos.

El primer americano que encontré en Santo Domingo fue a Fatty Johns, quien ocupaba el cargo de superintendente del ferrocarril en Puerto Plata. Tenía la costumbre de venir a Santiago de vez en cuando para atender a sus negocios y hacerme una visita. Era extremadamente simpático, como la mayoría de la gente corpulenta. Bebía como un pez. Ron nativo de Jamaica o *habanero* era su bebida favorita. Durante las tres o cuatro semanas de vacaciones que él mismo se otorgó, tomó una habitación cercana a la mía en el hotel donde me instalé, solo con la intención de enseñarme a comportarme en aquel mundo heterogéneo, a proferir juramentos y a emborracharme como un nombre. Estas fueron tres cosas que tuve que aprender. La primera lección, cómo comportarme, la absorbí pronto, desprendiéndome de la mayoría de mis prejuicios europeos y descartando mi monóculo. La segunda, cómo jurar, la aprendí demasiado rápido. En menos de una semana estaba maldiciendo como un soldado, tanto en inglés como en español. La tercera, beber como *todo* un hombre, fue la más difícil, no por falta de buena voluntad de mi parte, sino porque me consideré más apto que Fatty Johns, quien tardó treinta años en aprenderla. En menos de dos semanas ya era un maestro. Cada día al amanecer, antes de levantarnos, teníamos la costumbre de libar nuestros primeros dos o tres tragos de cuatro dedos de habanero. Fatty explicaba que ese era el secreto de no haber sufrido nunca de fiebre palúdica, durante los muchos años que tenía en Santo Domingo. Después del desayuno bebíamos tres o cuatro copas más. Antes de almuerzo, dos o tres brindis adicionales y media docena de cocteles eran nuestra regular cuota. Cuando nos retirábamos a nuestros castos lechos temíamos encender nuestros cigarrillos sostenidos en nuestros labios, por temor a que explotáramos. En otras palabras, en menos de dos meses me torné en un regular camarada ante los ojos de Fatty. También ante los míos. Había estado muy ocupado durante este tiempo en correspondencia con el doctor Rangel Garbiras, el líder de nuestro partido nacionalista en los andes, Venezuela, quien proyectaba alzarse contra Castro. Necesitaba algunas armas y municiones de complemento. Me pedía ir a Centroamérica a ver qué podía hacerse. Me aconsejaba visitar primero al presidente Zelaya de Nicaragua, quien se había educado en Bélgica. Tomando en consideración que yo había sido una suerte de protegido del último rey de los belgas, el doctor Rangel Garbiras no dudaba en que Zelaya nos ayudaría. De cualquier modo, el experimento era digno de ensayarse. Cuando fui a despedirme de Fatty Johns lo encontré temblando bajo sábanas con fiebre palúdica. Su talismán habanero parecía haberle fallado.

Llegando a la ciudad de Santo Domingo e intentando tomar pasaje en una goleta vía Nicaragua, recibí una citación del presidente Jiménez quien quiso ponerme en conocimiento que el presidente Castro le había exigido no perderme de vista. Pareció considerablemente aliviado cuando le manifesté que iba a abandonar su bendita isla en un par de días, prometiéndole además que no me rozaría con ninguno de los treinta venezolanos revolucionarios que allí se habían refugiado.

Todos estaban anhelando la oportunidad de dar un golpe contra el ejército mercenario de Castro. Diez de ellos estaban alistados en la marina dominicana, mientras el resto eran empleados de haciendas de caña de azúcar, al otro lado del río. Poseían ya veinte y pico de rifles y considerable cantidad de municiones que guardaban secretamente en una cueva, cerca de las ruinas de un abandonado faro. Prometieron esperarme allí hasta mi retorno. El único a quien llevé conmigo fue a Pancho González, un ingenioso caballero de Puerto Cabello, que conocía a Centroamérica como un libro. Pasamos la última noche bajo los cocoteros, cerca de la playa, discutiendo proyectos futuros, mientras el grave retumbar de los tambores nativos taladraba el silencio de la noche tropical como la voz del bárbaro pasado. Ocho o diez días después de nuestra partida avizoramos la pequeña isla de San Andrés, que pertenece a Colombia. Cuando ya estábamos aproximándonos a la Costa Mosquito de Nicaragua, la cola de un huracán nos alcanzó y nos arrastró hacia el norte a una tremenda velocidad. Nuestra balanceante pequeña goleta, *La Concepción,* fue disparada como una flecha sobre las espumeantes olas del Caribe, que rugientes bañaron la cubierta, mientras el viento venía vomitando la noche como un estallido y aullaba y gimoteaba su violencia contra nosotros.

Por tres días y tres noches libramos una batalla intensa, desesperada, contra los elementos. Finalmente el espectral brillo de una pálida Luna reveló ante nuestros ojos ansiosos los reflejos sombríos de ondulantes colinas y somnolientas manchas de tierra de la selva tropical en la distancia: la costa hondureña. Una hora después, titilando en el horizonte como un laberinto de brillantes, vimos luces de la histórica y pequeña ciudad de Trujillo, donde aquel ex bucanero y hombre apto para todos los negocios, William Walker, se había enfrentado al escuadrón de fuego muchos años antes.

En Puerto Cortez, donde desembarcamos a los pocos días, conocí a otra celebridad a lo William Walker; a Lee Christmas. Por aquel tiempo estaba manejando una locomotora y me contaba, mientras tomábamos una copa en el bar, que él intentaba forzar las puertas de la sociedad tarde o temprano, queriendo decir con esto que nunca estaría tranquilo hasta conseguir un trabajo con el gobierno de Honduras —no importara lo que fuera—, por el solo placer de tener en la mano dinero contante, del que parecía carecer.

Como no era posible regresar por el mismo camino, Pancho y yo decidimos llegar a Nicaragua por Guatemala y El Salvador, lo que significaba cruzar el país. Infortunadamente, tan pronto como alcanzamos la frontera guatemalteca, la policía secreta de Estrada nos agarró y nos arrastró a la ciudad de Guatemala. Allí el presidente trató de encarcelarme cuando supo que yo iba hacia Nicaragua, para tomar contacto con su rival, José Santos Zelaya. El presidente Estrada siempre estaba en constante temor de que lo asesinaran, me tomaba equivocadamente por un espía de Zelaya.

Gracias a los esfuerzos de un condiscípulo alemán, quien poseía una plantación de café en Guatemala, me fue finalmente permitido vivir en un hotel, pero teniendo que ir diariamente a la policía. Como Estrada era detestado unánimemente por los guatemaltecos, la junta revolucionaria era una poderosa organización secreta —suerte de mafia— que contaba entre sus muchos miembros a varios cadetes de la Academia Militar, listos para hacer desaparecer al presidente Estrada en cualquier momento. Como me sentía muy disgustado por la manera como me había tratado, sin razón alguna, les expuse con entusiasmo la causa revolucionaria ofreciéndome yo mismo a ayudarlos.

Pancho era un gallo inteligente. Poseía entre otras virtudes el raro don de la previsión. Inmediatamente empezó a enamorar a una de las camareras del hotel con el propósito de asegurar algunos de sus trajes femeninos. Acostumbraba desaparecer todas las tardes, ya oscureciendo, por la puerta de la cocina, disfrazado de mujer, a fin de tenerme en contacto con la junta revolucionaria. En otros momentos se codeaba con los oficiales del ejército y compinches de Estrada, asistiendo a bailes y divirtiéndose en todas partes con ellos en los varios clubes y casinos de la ciudad. El más pequeño desliz de mi parte hubiera significado la muerte instantánea, tanto para Pancho como para mí. Tenía que ser cauteloso en extremo. Renovaba mi viejo juego: jugarme la vida en una sola carta.

Finalmente llegó el gran día. La bomba para la sexta avenida ya estaba lista. La carga de dinamita o nitroglicerina, no recuerdo qué, había sido debidamente colocada... Miles de curiosos turistas de ambos sexos se amotinaban en las estrechas aceras de la vía pública para ver al presidente que seguido por un grupo de policías armados, venía a lo largo de la avenida en el carruaje del estado. Orgulloso como un pavorreal, pasó sobre la bomba —sin que sufriera explosión alguna—. Nuestro plan había fracasado. Alguien nos había vendido o alguna cosa había marchado mal, terriblemente mal, porque inmediatamente que el carruaje del presidente pasó, observé que una escuadra de la policía secreta arrastraba a cuatro de nuestros compañeros conspiradores cerca de una casa, al otro lado de la calle, donde la bomba debía haber explotado. En una palabra, nuestro golpe había fallado. En menos de una hora, aquellos pobres miserables revelarían, bajo tortura, nuestros nombres.

Previendo todo esto, el hermano Pancho había hecho ensillar un par de finos caballos, listos en las afueras de la ciudad. Así, inmediatamente después del fracaso de la bomba, él y yo cabalgaríamos a gran velocidad a través del laberinto de las estrechas calles en dirección a las montañas. Media hora después, mientras las sombras de la noche iban cayendo lentamente sobre las lóbregas hondonadas del rugiente volcán de Santa María, siempre con Pancho, y precedidos de un hábil explorador —otro infortunado hermano revolucionario— íbamos galopando locamente a través de la costa del Pacífico, donde finalmente alcanzamos después de dos días los pantanosos caminos de la selva del cinturón forestal de tierra baja.

Tan pronto como sorbimos un trago de café y devoramos un plátano asado, saltamos a un barco de pesca que cambiamos por nuestros caballos. Al cabo de una semana un ventarrón amigo nos empujaba cerca del muelle de la Unión, en la República de El Salvador.

Recordando que nuestro viaje a Centroamérica no había sido con el propósito de volar al presidente Estrada, sino con el fin de lograr algunas armas y municiones para nuestra proyectada revolución a Venezuela, Pancho y yo nos afeitamos, nos vestimos decentemente y tomamos pasaje en un vapor para Corinto. De allí proseguimos a Managua, capital de Nicaragua, donde fui muy bien recibido por el presidente Zelaya. Regia acogida. Nuestra escapada a Guatemala y el hecho de que formaba parte de la Unión Central Americana, la que hizo presidente a Zelaya, me abrió plenamente su corazón. Me trató como a un príncipe, prometiéndome todo lo necesario en material bélico para luchar contra Cipriano Castro.

Mi misión era coronada con éxito. Todo lo que tenía que hacer era retornar a Santo Domingo, fletar un par de goletas e ir a Nicaragua a *conseguir las mercancías.*

Después de cambiar saludos con Zelaya, a quien nunca vi después, partí con Pancho para Greytown, cerca de la desembocadura del río San Juan, donde nos embarcamos en un vapor para Puerto Limón, Costa Rica. Luego de una apacible semana regresábamos sanos y salvos a Santo Domingo donde nuestros compañeros estaban ansiosos esperándonos. Allí también recibí un comunicado del doctor Rangel Garbiras, donde me ordenaba retornar a Venezuela inmediatamente, para tomar parte en el gran golpe que nuestro partido nacionalista ya había iniciado contra el ejército de Cipriano Castro, cerca de la frontera colombiana, en la península de la Goajira.

En la segunda noche después de mi retorno a Santo Domingo mientras estaba entregado a profundos pensamientos —porque el cable del doctor Rangel Garbiras, ordenando mi retorno a Venezuela no me permitía ir a Nicaragua a verificar las armas y municiones que el presidente Zelaya me había prometido— Pancho vino hacia mí y deslizó a mi oído:

*Los muchachos han encontrado justo las cosas que necesitamos. Mejor es que te vayas a la cueva y converses con ellos.*

Intrigado por este misterioso mensaje, me apresuré a correr hacia el muelle, crucé el río Ozama en un bote y diez minutos después cumplía mi cita con mis fieles y rebeldes muchachos venezolanos, quienes venían hacia mí empuñando el ancla de una pequeña goleta llamada *La Libertad.* Se suponía que a la mañana siguiente saliera en lastre para San Pedro de Macoris. A solo doscientas yardas de nuestra cueva, podía ser fácilmente alcanzada por la estrecha vereda silvestre que llevaba a la playa. La goleta pertenecía a un vigoroso negro de Puerto Príncipe, el capitán Bibelot, amigo nuestro.

Su bebida favorita era *tafia,* cierto ron nacional de Haití. Hubiera caminado una milla solo para aspirarlo. Dos para tomarse un trago. Mis copartidarios eran muy vivos. Adivinaron su debilidad. Consiguieron dos o tres galones de la desagradable bebida, más una libra de bacalao crudo salado, con el propósito de servirlo como almuerzo informal durante el party o coctel, con *tafia,* que proyectaban dar aquel mediodía en honor del capitán Bibelot. Dos de ellos se alistaron ante el capitán como marineros del futuro viaje, el tercero era un muchacho dominicano que podía muy bien ser sacado del grupo. Querer es poder.

Aquel mediodía Pancho metía de contrabando mi equipaje al otro lado del río y lo ocultaba en el barco tomado. Hacia el atardecer, cuando varios de nuestros muchachos estuvieron seguros que el capitán Bibelot estaba alucinado con su *tafia* y sus bocaditos de bacalao salado crudo, lo que parecía saborear inmensamente a juzgar por el modo como volteaba los llameantes ojos de su rostro de ébano, el resto de nuestra pandilla cargó a bordo de *La Libertad,* los rifles, municiones, hamacas y provisiones para varias semanas. Ya al amanecer, cuando el Sol se levantó majestuosamente sobre el horizonte y el capitán Bibelot despertó en su camarote con la cabeza tan grande como una catedral, la goleta, con la bandera venezolana flameando orgullosamente en el mástil principal, fue dirigida al sur, hacia la península de La Goajira, adonde esperábamos llegar más o menos en una semana.

Durante el almuerzo, ofrecimos al capitán Bibelot ochocientos dólares como primera mensualidad por el alquiler de su barco. Rehusó de momento el dinero, alegando que él también era patriota —patriota haitiano— y que realizaba aquella hazaña en tiempo de guerra, etc. Tanto insistimos que finalmente aceptó quinientos dólares y el resonante y pomposo título de capitán del rebelde *Crucero Venezolano La Libertad.* En resumen, el capitán Bibelot se volvió uno de nosotros, un verdadero revolucionario, fiel a nuestra causa hasta el amargo final.

De acuerdo con el viejo proverbio, el hombre propone, Dios dispone y el diablo descompone, el *show* vino después y muy bien representado. En este caso la parte del diablo la estaba jugando un holandés-alemán de nombre Van Dussen, que vivía en Santo Domingo y cuya principal ocupación consistía en espiarnos. Parecía muy exaltado con lo que había oído sobre la misteriosa desaparición de *La Libertad* y nuestra pandilla. Él estaba seguro de que Castro le pagaría muy bien por esta información. Inmediatamente cablegrafió todos los detalles a Caracas. No tardó Castro en despachar dos barcos armados a paso redoblado para emboscarnos a la entrada del Lago de Maracaibo, donde se suponía nuestro arribo. Fuimos informados de todo ello en alta mar por el capitán de una goleta venezolana en ruta hacia Panamá. También nos advirtió que el castillo, o fortaleza de San Carlos, a la entrada del Saco de Maracaibo, había sido reforzado recientemente. Nos encontrábamos pues en serios apuros. Después de haber dejado Santo Domingo, habíamos decidido atacar dicha fortaleza por sorpresa, esperanzados de que la guarnición se rebelara y se viniera con nosotros. En aquellos momentos cada cosa dependía de si un hombre quería o no afrontar una oportunidad.

Después de algunos días de cautelosas maniobras, porque los barcos venezolanos estaban casi en nuestras narices, decidimos atracar cerca de un nido de contrabandistas en la playa, al este de la península de la Goajira. Tan pronto como echamos ancla no tardó en aparecer en el horizonte una delgada espiral gris que nos hizo buscar refugio. A través de los espesos manglares de la ensenada, o baja laguna, tras los cuales nos escondimos, pudimos avizorar la extensión azul del mar Caribe, que se extendía a través del horizonte. Finalmente, después de una hora de angustioso suspenso, vimos la delgada cresta de humo de un buque de guerra venezolano —nos convencimos que se trataba de un veloz barco de guerra— esfumándose más y más hasta que finalmente se borró del horizonte.

Entrada la noche izamos nuestras velas. Empezamos tímidamente a bordear el litoral bañado por la Luna, hasta que de madrugada echamos ancla una vez más, ahora en un lugar resguardado dentro de un promontorio de rocas que se levantaba peligroso y sombrío cerca de un valle solitario. Los numerosos bancos de arena y arrecifes de coral que limitaban la entrada a la pequeña ensenada hacían casi imposible que pudiéramos ser vistos, a lo menos desde el mar. También ofrecían un poderoso obstáculo en caso de que los buques venezolanos armados nos hubiesen atacado o bombardeado, mientras teníamos el ancla echada.

Allí dejé nuestra goleta a cargo del comandante Bibelot, con cinco de nuestros hombres, mientras que con mis otros veinticinco bravos muchachos, intentaba cruzar el país en dirección a Carazúa, donde, según el explorador indígena que habíamos capturado aquella misma mañana, se esperaba que en cualquier momento surgiera una gran batalla entre las fuerzas del gobierno y los nacionalistas rebeldes que habían empezado a coger presos por aquellos alrededores y aumentaban en número considerable.

Debo también mencionar que Carazúa no era el nombre de una ciudad ni de un caserío, sino el único lugar donde había agua dentro de un radio de cinco millas a la redonda y por lo tanto el punto vital, clave de la situación en esta parte de nuestro frente occidental.

Tan pronto como abandonamos el cinturón de manglares que aprisiona las playas pantanosas de la ensenada, cubierta de maleza, cactos y mimosas, única vegetación de aquel desierto olvidado de la mano de Dios, comenzaron a desgarrarse nuestros trajes en pedazos haciéndonos sufrir considerablemente. El indio capturado nos contó que la mayoría de las tribus goajiras a lo largo del litoral y en el interior de la península estaban del lado de Castro. Su gobierno los había equipado con modernos rifles de repetición y considerables sumas de dinero. Aquellos goajiros eran espléndidos jinetes. He visto rara vez ante mis ojos animales tan ágiles y tan veloces, tan bien montados como aquellas jacas indias. Los cabalgué también varias veces en la seca región de la costa y en aquellos terronales pantanosos y selváticos de los hatos del Apure y del Arauca. Algunos de estos caballos —no todos, por supuesto— representan, según creo, la línea más directa de la raza de corceles árabes, de la pura casta original de los ibero-árabes que trajeron los conquistadores de España a principios del siglo XVI.

Antes de nuestra partida me propuse examinar a fondo al indio que había caído en nuestras manos. Era un muchacho de diecisiete años. Uno de los oficiales que acompañaba a Dávila le había ofrecido cinco dólares en plata venezolana o sea cinco fuertes, si le llevaba una carta a Maracaibo. Poco le importaba al mensajero el contenido de aquella carta. Lo que quería era sus cinco fuertes. Naturalmente, cuando le ofrecí cinco dólares por día y uno de nuestros rifles, si nos llevaba a Carazúa, aceptó encantado y se unió a nosotros sin demora. Era un buen guía y un espléndido explorador.

Alrededor del mediodía se detuvo repentinamente para enseñarnos con su brazo extendido hacia el occidente un remolino de arena que se levantaba lentamente a lo largo del polvoriento horizonte. Inmediatamente nos achatamos contra espesos cactos y mantuvimos nuestros ojos fijos en aquel lugar que Gabriel, nuestro guía, nos había señalado. Al principio no vimos nada particular pero cuando el montículo de arena picante fue creciendo hasta tornarse más oscuro y más espeso, distinguimos fielmente varios puntos rojos que se movían lentamente sobre la polvorosa planicie en dirección al sur. Se trataba de uno de los tantos destacamentos de indios goajiros pagados por Castro, que Gabriel había mencionado.

Afortunadamente el viento soplaba en nuestra dirección. Sus jacas no pudieron husmearnos, pues sin duda alguna hubiesen relinchado de un modo particular —sistema enseñado por los indios cada vez que olieran un cristiano o una persona civilizada—. Gracias al ojo de águila de Gabriel que oportunamente había divisado los goajiros y gracias también al hecho de que íbamos a pie, podíamos evaporarnos fácilmente y escapar a su vigilancia.

Cuando el crepúsculo púrpura se desvaneció finalmente en el horizonte y los bosquejos de una hilera de desnudas montañas surgieron rígidas y silenciosas bajo el cielo estrellado, llamé a Gabriel y le extraje toda la información que pude. Me contó que las fuerzas del gobierno estaban comandadas por el general José Antonio Dávila, de quien se decía era el más capacitado y valiente de los generales de Castro, el que había capturado dos años antes al famoso Mocho Hernández. Detestaba yo la idea de pelear contra Dávila, de quien era amigo personal. No podía sin embargo impedirlo, porque la *guerre c'est la guerre.*

A la siguiente mañana, después de vagar cerca de dos horas entre el laberinto de áridas colinas y planicies solitarias cubiertas de seca y achaparrada vegetación, refugio solo de serpientes, repentinamente avistamos una estela polvorienta que se deshizo ante nosotros perdiéndose en el horizonte como una interminable cinta anaranjada. Nos acercábamos a nuestra meta más pronto de lo que habíamos soñado. De acuerdo a lo que Gabriel nos había dicho aquello era el brazo principal del río Hacha que va directamente a Carazúa. Alrededor del mediodía, mientras gozábamos del descanso sumidos en una profunda hondonada y tomábamos un trago de agua tibia en nuestra cantina de piel de cabra, nuestro centinela nos silbó suavemente señalándonos un punto hacia el este. Como treinta goajiros a caballo, con frazadas de lana carmesí hasta la cintura y relucientes máuseres ceñidos a lo largo de sus enjalmas, venían directamente hacia nosotros.

Repentinamente uno de sus caballos relinchó. Los indios se miraron comprensivamente, dispersándose en varios grupos pero continuando en avance hacia nosotros, con sus armas listas. Tan pronto cruzaron nuestro camino se dieron cuenta que éramos tan fuertes como ellos. Al sabernos cristianos se contuvieron momentáneamente, sin atacarnos. Bajo estas circunstancias, consideraron prudente tal vez discutir el asunto. O al menos saber quiénes eran sus contendores.

Después que los goajiros avanzaron a unos cien pasos de nosotros, el jefe se desplazó solo, hasta cierta distancia. Repentinamente sostuvo las riendas de su potro y exclamó en alta voz que deseaba hablarle al general, cortesía que naturalmente yo no podía desperdiciar. Era como saltar violentamente de nuestra depresión. Desde el momento que notó mi ademán atrevido se dio cuenta que era un revolucionario. Caracoleó su potro, desapareciendo entre un gruñido y una nube de polvo.

Tan pronto se unió a sus compañeros empezaron todos a dar largos alaridos, a circular alrededor nuestro, de derecha a izquierda, a galope tendido. El pie y la mano izquierda colgando de sus cabalgaduras. Sus cuerpos achatados contra la banda de estribor de sus robustos caballos de raza. La mano derecha manejando el fuego de sus carabinas. Asombrado miraba a Gabriel, nuestro indio explorador. En vez de tratar de escapar los acribillaba violenta y casi placenteramente. Aquellos indios sin duda alguna sabían montar y pelear. Me parece verlos todavía sobre sus caballos relinchando alrededor de nosotros, aullantes como una loca secta de histéricos derviches. Nuestros hombres contestaban disparo por disparo. Sobre la tostada planicie los azafranados y clamorosos demonios de la arena continuaban delirantes, dando vueltas y vueltas, como si bailaran al rítmico rechinar de nuestros ladradores rifles. Pude presenciar una vez algo semejante durante la Guerra mundial, cuando una banda de salvajes de la tribu de Shammar Arab mantuvo a mi escolta de soldados turcos acorralados en una depresión similar cerca de Auvenat, en los desiertos al norte de Mesopotamia.

Cuando los goajiros se cansaron de galopar y galopar en torno nuestro, perdiendo sus municiones, huyeron por el mismo lugar que vinieron. Tras de ellos dejaron ocho guerreros muertos y dos heridos. Tres caballos agonizantes. Dos maltratados, y cinco ilesos, que prefirieron permanecer allí, al lado de sus amos caídos. Tomando ventaja de la oscuridad y de la violenta retirada de los goajiros, vagamos durante toda la noche atrincherándonos en un vallecito, listos a dar a los indios otra cálida y similar acogida si trataban de atacarnos de nuevo. Como no aparecieron, probablemente porque fueron a avisar a su jefe el general Dávila nuestra peligrosa cercanía, continuamos nuestra marcha hacia el mediodía, ya reconfortados con cinco horas de descanso.

Justo, antes de la madrugada, llegamos a nuestro destino, cuando las cosas en Carazúa marchaban bastante bien. Con mis credenciales como representante del doctor Rangel Garbiras me presenté ante el general Ortega, quien me recibió inmediatamente, cortesía que agradecí mucho, pues él también era un buen oficial del ejército, y de los mejores. Desgraciadamente aquel mismo día fue alcanzado por una bala, muriendo una semana después. Él me informó de los últimos acontecimientos en los andes, así como sobre la Revolución Libertadora, fraguada por la Bermúdez Asphalt Company.

Mientras Ortega estaba contándome una serie de cosas interesantes, la guerra estaba creciendo en intensidad cerca de nosotros. El general Dávila probaba que era un valiente soldado. Continuaba peleando como un león, al frente de las fuerzas del gobierno, sin el apoyo de los partidos. Sus fuerzas habían avanzado resueltamente hacia el caño de Sinamaica, dispuesto a derrotar a Ortega desde su base, que era la provincia de Santa Marta, en la extremidad noroeste de Colombia.

Dávila al descubrir que Ortega había tomado fuertes posiciones alrededor de la laguna de Carazúa, retrocedió inmediatamente manteniéndose listo a cualquier precio para empujar fuera al ejército rebelde, proponiéndose flanquear su ala derecha, si se aventuraba a seguir adelante.

Luego de desplegar fuerzas sus soldados para formar una línea de batalla provisional, Dávila ordenó a su artillería que abriera fuego contra los espesos matorrales circundantes, donde nuestros hombres estaban atrincherados. Aquel tiroteo fue lo que escuchamos la noche anterior y lo que seguimos escuchando hasta la madrugada, cuando en realidad empezó la batalla.

Después de mi primer encuentro con Ortega nos ocupamos en colocar nuestras tropas en posiciones estratégicas, o sea, en trincheras, donde pudiéramos neutralizar lo mejor posible el fuego asesino de la artillería de Dávila que nos estaba causando bastantes pérdidas. Los alrededores de la selva y de los matorrales estaban envueltos en fuego por las explosiones de los proyectiles. Hordas de pequeños monos surgieron del monte por motivo del disturbio y del ruido de nuestros rifles. Se mantenían mirándonos y farfullando a una prudente distancia hasta que el estampido de una metralla cerca de ellos los dispersó y salieron en todas direcciones, semejantes a murciélagos. Ocasionalmente, brillantes y enormes mariposas rondaban aturdidas sobre la horripilante laguna, en donde pausadamente flotaban cadáveres sobre los bancos de pantano semejantes a flamantes joyas. Yo montaba un magnífico garañón goajiro que había capturado durante nuestra batalla con los bravos indios. Era un hermoso alazán, con la peculiar Cruz de San Andrés incrustada en sus ancas, característica en todos los caballos goajiros. Cuando Pancho trató de montarlo el caballo hizo un movimiento como para lanzarlo de cabeza —maniobra enseñada por los indios— el cual seguramente lo hubiese matado, si no llego a tiempo y lo echo atrás con un fuerte latigazo. El hecho es que Pancho no conocía el truco. Se había montado al revés, por la izquierda, mientras que los caballos salvajes indios son siempre montados por la derecha. Después que el pony se quedó quieto lo monté a su manera. Trotó dócilmente y hasta restregó su hocico en mi rodilla.

Durante las primeras horas de la mañana la batalla fue dirigida severamente con buen juicio. Pero desde el minuto que el Sol apareció en el horizonte y cayó como un horno sobre nuestras cabezas, el combate degeneró en un horrible rebatiña de muerte contra vida. Me tocó a mí el desempeño del comando del ala derecha que era la más expuesta por la proximidad del caño de Sinamaica donde se esperaban considerables refuerzos del gobierno aquel mismo día. Un espía que habíamos capturado aquella mañana finalmente confesó que dichos refuerzos ya estaban en camino. Nuestra situación era crítica. Debíamos inventar algo. Rápido. Si no queríamos quedar envueltos entre el centro enemigo y su ala derecha. Fuera de mis veinticinco primeros compañeros yo dirigía un considerable número de compatriotas. Macheteros de los andes, montañeses sin miedo, que preferían batirse con el frío acero, descuartizando al enemigo. Cuando les impartía mis órdenes militares, se terciaban sus rifles sobre sus hombros y avanzaban como un ejército de jabalíes con sus largas afiladas peinillas. Terribles armas capaces de abatir de un solo golpe el cañón de una escopeta.

Fuimos los primeros en abrir fuego contra la trinchera enemiga mientras los varios cañones de Dávila que habían estado bombardeando los bancos de la laguna, eran apuntados directamente frente a nosotros. Nuestra posición se iba tornando peor cada hora. No solo por aquellos bombardeos, que nos causaban tantos descalabros, sino también a causa de los refuerzos enemigos que se precipitarían de un momento a otro en nuestro flanco izquierdo. El hecho importante era que mis hombres habían tomado el terreno. Finalmente, cuando vi que las cosas no marchaban, ordené una carga de machete. Mi mandato fue recibido con gritos de júbilo, especialmente por nuestros andinos.

Siendo yo un hombre de los andes nada más natural que dirigiese el ataque. Me bajé del caballo, escupí mi cigarro y grité bien alto *¡viva la revolución!* Irrumpí violentamente al frente de mis hombres, contra las trincheras enemigas, mientras los gobiernistas se apresuraban a recargar sus armas.

¡Chocamos! Nunca olvidaré aquel terrible forcejeo que degeneró en el más dantesco espectáculo ante mis ojos, semejante a una pesadilla. Las cargas de machete, una tras otra, desgarraban los cuerpos sin aliento, separaban los miembros, mutilándolos en cientos de pedazos, pues si los macheteros de Dávila eran muy valientes no superaban a los nuestros.

El aire seguía aullando constantemente por la boca del cañón. El fuego de los rifles crecía más y más, como las maldiciones y lamentos de miles de hombres que continuaban combatiendo a pesar de sus miembros mutilados, con la punta de las bayonetas, vomitando fuego por la escopeta de seis tiros o reclavando agonizantes las brillantes peinillas húmedas de sangre. Mientras tanto los heridos, convertidos en quejumbrosos lamentos, algunas veces luchando o maldiciendo, se arrastraban entre montones de cadáveres en vano esfuerzo por alcanzar la laguna. Locos de sed.

Solo aquel que hubiese observado alguna vez la muerte en el corazón de la selva, bajo los rayos de un intenso Sol tropical, sin agua, sin alimentos, sin asistencia médica de ninguna naturaleza, puede comprender el macabro panorama que mis ojos vieron en Carazúa.

Entrada la noche el fuego terminó en ambos lados para bien de todos. Cuando se oyó la orden de ¡cesen fuego! amigos y enemigos salimos como fantasmas huyendo de aquella nauseabunda y pestilente laguna, de aguas sanguinolentas, mientras nuestra bandera venezolana acariciada por el viento nocturno tremolaba ligeramente sobre el campo de batalla. Un majestuoso silencio trágico se colmaba del leve estremecimiento de los heridos.

Nuestras pérdidas habían sido grandes, e igualmente las del bando contrario. La aurora extendió de nuevo sus alas en la somnolienta selva. Tanto las fuerzas del gobierno como las rebeldes dimos la espalda a la laguna y retornamos a nuestra primera posición. En cuanto a mi persona, estirado sobre una camilla con una herida de bayoneta en una de mis piernas, rodeado de algunos pocos sobrevivientes compañeros, luchaba por abrirme paso entre las merodeadoras tribus goajiras. Sobre la costa, me hice a la vela para Santo Domingo en busca de tratamiento médico y descanso mental.

## II. Días a la orilla de México

Después de la desastrosa batalla de Carazúa, mis pocos compañeros de armas y yo zarpamos apilonados en nuestra pequeña goleta La Libertad hacia Santo Domingo. Yo iba acostado sobre un colchón, tendido en el puente, escalofriante de fiebre. Mi pierna derecha estaba descomunalmente hinchada, debido al golpe de bayoneta sufrido. Un cielo turquesa resplandecía generosamente sobre mi pequeña pandilla de bravos y el capitán Bibelot, nuestro fiel aliado haitiano. Todos solícitos a mi alrededor me contaban anécdotas e historietas para distraerme, mientras nuestro crucero revolucionario, ahora reducido a su más humilde categoría de costanero haitiano, se mantenía equilibradamente sobre las olas del Caribe.

De cuando en cuando nuestro capitán de rostro azabache, Monsieur Bibelot, deseando verme alegre me animaba con su palabra: «No se me acobarde, *mon General,* por esa fiebre. Lo único lamentable es que los mosquitos que lo picarán a usted quedarán envenenados».

A pesar de todas sus bromas divertidas y estimulantes, me sentía bastante deprimido. Iba embarcado hacia un sombrío futuro, aunque posiblemente interesante; iba hacia un voluntario destierro que iba a durar muchos, muchos años, porque había jugado y había perdido. No obstante, me había hecho el propósito de ser un buen perdedor. No pensé nunca desquitarme con una juventud dorada de frivolidad, seguiría más bien el camino de los muertos, olvidándome que no era apto para cualquier otra cosa que no fuera ganarme la vida con la habilidad de mi espada. Como un verdadero caballero andante.

Esta fue la segunda vez que tuve que tomar una resolución en grande. La primera la tomé en París cuando pasé allí seis infortunados meses en traje de etiqueta y sombrero de copa. En aquel tiempo, como después de la batalla de Carazúa, me sentí poseído de una indescriptible soledad y melancolía que han estado importunándome desde entonces. Empecé a mirar con desgano, casi con remordimiento, la clase de vida que llevaba. La ambición estaba ya aprisionando mi corazón con su garra de hierro. Me sentía intranquilo. A cualquier precio necesitaba volverme soldado o estudiante.

Veía ya mi fulgurante armadura. Veía las blancas velas, tremolando silenciosamente en la azul lejanía, rumbo al continente iberoamericano en cuyas doradas playas, verdes y potentes olas golpeaban constantemente sobre mi corazón, rompiéndose como una deslumbrante cinta. Surgía la visión de la Castilla de Oro con sus blancas torres silenciosas, con sus tintineantes campanarios de plata.

Escuchaba el rugido de los leopardos en el corazón de la selva africana, el retumbar del cañón sobre los mares de la China. El apesadumbrado aullar de la jauría sobre las eternas nieves del norte helado. Vislumbraba la estatua aurífera de Buda sonriéndole enigmáticamente a la eternidad.

Nunca olvidaré mientras viva aquellas solitarias noches de Bruselas, donde me fui a enterrar por un tiempo, curvado sobre los libros, preparándome a la gran tragedia de mi vida. Como casi siempre acontece, si la ambición se apoya en la tradición, se sale adelante.

Después de algunas desagradables experiencias tanto en Haití como en Honduras, me fui a México con el deseo sobrehumano de morir en paz. Morir si fuese posible de muerte natural, para ser recogido por enterradores y no propiamente por buitres. Sin descartar el triunfo de satisfacción que podía yo proporcionar a las aves de rapiña, no podía entender y menos soportar la desenfadada manera en que yo vagaba en el Caribe, de lo que estaba algo engreído. No podía soportar la idea de servir de simple aperitivo a aquellos gavilanes fofos de grasa. Mucho tiempo habría de tomarles para constituirme en su carnada. Era yo un hueso muy duro de roer.

Estaba pesando noventa libras. La malaria que contraje en la Goajira había consumido mi cuerpo, reducido escasamente a piel y hueso. Con ictericia, con un estómago perdido y para colmo esgarrando sangre. Mejor dicho, era un cadáver ambulante. A pesar de todo, había continuado por espacio de dos años, luchando y peleando en aquellas condiciones, bajo los abrasadores rayos del Sol tropical. Sin alimento, crucificado por torrenciales aguaceros, mi cuerpo a la deriva, sumergido en pantanos de la selva o en ríos con el agua hasta el cuello durante horas y horas. Rodeado de serpientes, caimanes, tembladores, peces caníbales y otras sabandijas y venenosos gusanos. Torturado por mosquitos, escorpiones, tarántulas, ciempiés y Dios sabe qué otra variedad de reptiles. En síntesis, había bajado al infierno y había quedado vivo para contar la historia. ¿Pero de qué manera? Sacrificando la mitad de mis alas y para el tiempo de mi llegada a México mi humanidad colgaría como un trapo mojado probablemente de la elevada rama de un árbol, porque el presidente Estrada Cabrera, de Guatemala, había puesto precio a mi cabeza. Nogales, el jaguar solitario, empezaba a ascender por sus elevadizos nervios dictatoriales. Era por lo que intentaba buscar entre todos los lugares del mundo la paz de México. Me parecía México el mejor refugio para mis averiados huesos en aquellos momentos, especialmente desde que había sabido el disgusto surgido entre Estrada Cabrera y Porfirio Díaz.

Al saber mi llegada, Díaz no solo me perdonó el haber dormido con una carga de rifles y municiones bajo los cañones de su Crucero Sonora, fuera de la Isla Cozumel, o el haber escapado a Honduras en nuestra goleta La Rosa, sino que me invitó a visitarlo en el Palacio Nacional.

La invitación la acepté, guardando cierta reserva mental. El viejo Porfirio era hombre peligroso, tan sentimental y tan de buen corazón como la madre de cualquiera de ustedes. Pero, duro como el hierro, hubiera derramado lágrimas mientras contaba la muerte de su más querido amigo como una lamentable necesidad que había tenido que cumplir de mala gana su escuadrón de fuego.

Lo encontré en palacio, desparramado como una araña sobre una ancha poltrona, toda forrada en terciopelo. Estaba estratégicamente colocado entre dos ventanales, recostado al muro, mientras la enorme águila dorada mexicana colgaba suspendida sobre su cabeza.

Muy políticamente me indujo a mover mi silla hacia la claridad, donde presumí iba a ser estudiado cada gesto de mi rostro, mientras él permanecía en un fondo contraluz, detrás del resplandor de los cristales. Pude colegir que me estaba observando minuciosamente. A su vez buscaba las palabras con las que deseaba conducir la conversación. Luego me dirigió unas amables frases sobre mi salud, deseándome que el clima de México me restaurase. Parecía estar muy bien informado sobre mis recientes hazañas en el Caribe, que consideraba plenas de éxito. Terminó por pedirme que me uniera a su ejército, pues debido únicamente a sus esfuerzos, México iba a grandes pasos hacia un brillante futuro ¡iba hacia el Sol! Si hubiera sabido lo que el destino le tenía reservado, seguramente hubiese hecho sus maletas para Europa en un santiamén. A cualquier precio su oferta no era como para deslumbrarme. Él era bastante astuto para saberlo mejor que yo. Así que políticamente recalqué que no obstante mi vehemente deseo de estar a su servicio, no podía de ninguna manera aceptar la comisión de coronel del ejército mexicano, que tan generosamente me ofrecía, a causa de mi deplorable salud. Inmediatamente él observó que tomando como hecho evidente tal circunstancia ya había telegrafiado al general Boyes, gobernador de Nueva Luzón, anunciándole mi llegada y pidiéndole hacer todo lo posible en favor mío, mientras permaneciera bajo su jurisdicción. Don Porfirio era de opinión que el clima seco me restablecería en pocos meses, tiempo más que suficiente para devolverme sano y salvo.

En eso no le faltaba razón. Tan pronto llegué a Nueva Luzón y el general Boyes me recibió a cuerpo de rey, mi salud quebrantada empezó rápidamente a mejorar. Después de una o dos semanas aquellas fiebres pantanosas unidas a la ictericia que me estaba consumiendo, habían desaparecido. En un mes ya estaba restablecido. Podía montar a caballo, enlazar un toro. Y volvía a ser el mismo viejo jinete.

En compañía de los rurales del general Boyes (gendarmería montada mexicana) cruzaba las llanuras esparcidas de cactos, vestido de ranchero. Sombrero de ala grande, pantalones de cuero estilo charro, espuelas de plata, pesado cinturón con cartucheras, revólveres de seis tiros y un machete.

Me gustaba acariciar el rudo látigo que colgaba de mi achatada silla de montar mientras escuchaba el ruido seco de mis espuelas y una nube de polvo se levantaba sobre la llanura tostada de Sol, o sobre la brillante superficie de los distantes bajíos alcalinos.

El proceso de transformación del snob teniente de Nogales, miembro del Club de Algonquín de Boston, a Nevada Méndez (como viene a ser conocido después) estaba caminando a grandes pasos.

Pasadas las vacaciones, el general Boyes me llamó una noche para decirme que tenía una misión confidencial muy importante para mí. Quería que yo trajera de El Paso cierto número de cajas conteniendo dinamita y otros explosivos destinados a carreteras, que el gobierno, por ciertas privadas razones, había ordenado esconder en un rancho. Debido al calor y naturaleza peligrosa de la carga, mi escolta y yo teníamos que viajar de noche. Boyes me aconsejaba disparar contra todo aquél que se nos aproximara o se nos interpusiera en nuestra marcha. De acuerdo a informes recibidos de México, una banda de criminales disfrazados de rurales azotaba los estados fronterizos. Podían arrebatarnos la dinamita para tener con qué volar trenes, puentes, pueblos.

Todo aquello me venía de perlas. En menos de una semana seguía la línea norte, al frente de catorce bien equipados charros, galopando en la oscuridad. El objeto de nuestro viaje se mantendría secreto, de acuerdo con las instrucciones, aun para los rurales y autoridades mexicanas de la frontera. Por lo tanto, viajaríamos solamente de noche. Durante el día descansábamos a la cabecera de los arroyos o en los desfiladeros protegidos por rocas, donde no hubiese la más leve sospecha de descubrir nuestro precioso cargamento.

En doce días de viaje nos detuvimos únicamente en dos ranchos, para comprar alimento y hacer descansar nuestros caballos. Cada nube de polvo o remolino de arena que se levantaba en el horizonte nos obligaba a detenernos en nuestro camino y a ocultar nuestros caballos en la más próxima hondonada. Estaba resuelto a desafiar cualquier tiroteo. A pasar la frontera de Estados Unidos, costara lo que costara. Si caíamos en manos de los bandidos hubiese significado la muerte segura y ciertamente el fracaso. Me había hecho el propósito de triunfar.

Una de las haciendas en que nos detuvimos fue la del gobernador Cachazas, en Chihuahua, un hombre muy rico. Era el dueño de cientos de miles de cabezas de ganado. Un verdadero Creso. Tenía fama de haber amasado su fortuna explotando el pueblo de los estados circunvecinos. Durante los muchos años que Díaz permaneció en el poder el gobernador Cachazas tomó ventaja de su influencia política para engrosar sus miles de rebaños provistos de vacas, carneros, caballos, etc. Los detectives de Don Porfirio, los rurales, siempre estaban listos para darle una manita. Nunca tuvo por ello dificultades, en arrasar a Chihuahua en su propio provecho. De igual manera, tan pronto como las revoluciones de Flores Magón y Madero estuvieron en camino, siete años después, cada líder rebelde, tomando desde Pancho Villa hacia arriba o abajo, se consideraba autorizado a confiscar el famoso ganado de Cachazas. De acuerdo a la opinión pública aquellas reses habían sido adquiridas a expensas del pueblo mexicano.

Cuando llegamos al rancho de la Candelaria, se celebraba una de las famosas orgías organizadas por Toribio, el heredero de Cachazas. Toneles de tequila, cajas de champaña, terneras enteras asadas y damas de todos los matices estaban allí para divertirnos. Las más bonitas muchachas de los ranchos vecinos siempre eran invitadas a las parrandas de Toribio. Algunas venían de no muy buena gana, desde que supieron por experiencia o de oídas en qué terminaban dichas orgías. Pero siempre reincidían. Aquellas fiestas, que duraban a veces una semana, habían hecho famoso a Toribio. Algunos viejos del lugar comentaban que el gobernador había sido también un tamal caliente durante su juventud.

Inmediatamente después de nuestra llegada fuimos abordados por docenas de invitados que estaban celebrando el cumpleaños de Toribio. Como el rancho había sido declarado *salvo* por el general Boyes y nadie parecía estar interesado en saber de dónde veníamos y hacia dónde íbamos, acepté la invitación de Toribio para unirnos a su fiesta por una noche. Especialmente cuando una encantadora señorita, vestida color de rosa y con un clavel rojo sobre sus cabellos negros como ala de cuervo, me clavó los ojos y dejó caer descuidadamente su pañuelo dándome tiempo a desmontarme de mi caballo y recogérselo en una rápida inclinación.

Mi agradable encuentro con doña Inés me mantuvo tres días en la parranda de Toribio, bebiendo y divirtiéndome de lo lindo. En la tercera noche ocurrió algo desagradable.

Doña Inés y yo estábamos sentados en la baranda del rancho de la casa entregados a conversar y escuchar los salvajes ruidos que flotaban en el holgorio, formando una ronca música bajo la noche enlunada. De pronto irrumpió un jinete solitario en loca carrera en el patio y haciendo caracolear a su jaca se desmontó entre maldiciones. Violentamente se abrió paso entre la multitud de rancheros que trataba de obstaculizarle el paso. Saltando las escaleras y apuntando su revólver contra mí, ruinmente me gritó: Así pues, ¡es usted...! y procedió. Era el ofendido hermano de doña Inés. Pero su revólver se encascaró como por milagro. Cuando se dio cuenta de que las balas se atascaban y no obedecían al impulso de sus dedos me arrojó el arma a la cara, abriéndome una profunda herida en mi ceja derecha, apelando por su cuchillo. Pero ya había sacado mi revólver de la pistolera y en el momento crítico se lo vacié todo entero.

Una semana después cruzábamos Río Grande a pocas millas del Paso Juárez y nos instalábamos en el rancho. La carga de explosivos, disimulada en una espaciosa cueva, cuya entrada había sido hábilmente camuflada, parecía estar segura.

Mientras mis hombres se ocupaban de lazar las bestias de carga y hacían todos los preparativos necesarios para el retorno, me fui con mi ordenanza, José, al vecino pueblo La Esmeralda para explorarlo y ver cómo estaba el camino. Llevaba mi fajo de billetes verdes bien disimulados en una de mis botas de montar cuando entré en la única cantina o taberna de La Esmeralda.

Apenas terminábamos de unirnos a la multitud amotinada en el bar cuando una fuerte voz de mando gritó con familiar acento americano: *¡Manos arriba, muchachos...!* Instantáneamente nuestros brazos se alzaron hacia el cielo porque a juzgar por el tono de la voz, el solitario lobo era digno de respeto. Cuando llegó mi turno de depositar el dinero sobre el aparador, detrás del cual se había atrincherado el bandido enmascarado, pareció mirarme con sorpresa y aplacarse un poco. En lenta y pausada voz me preguntó: *¿Cómo has llegado a mezclarte con esta parranda de coyotes, chico?*

—*Por pura casualidad*, contesté con voz tranquila. *Este pequeño Mex y yo cruzamos la frontera para tomarnos un trago en sociedad, eso es todo.*

—*Si eso es así*, gruñó el hombre armado de dos revólveres, *guarda tu plata y sé bienvenido a los Estados Unidos. Y si necesitas más, sácalo de ese montón. Hay suficiente para ambos.*

Sin duda alguna es por lo que siempre he amado los desiertos occidentales donde hasta los hombres fuera de ley son caballeros.

Grandes acontecimientos estaban ocurriendo en El Paso cuando llegamos. Una convención de ganaderos, vaqueros y domadores se celebraba en Juárez. La mayoría de los asistentes eran los más conocidos de Arizona, Texas, New México, Chihuahua y Coahuila, reunidos allí con grandes fiestas. Había competencias de rodeo y coleo en ambas ciudades. Juárez situada al otro lado del río, estaba atestada de extranjeros, turistas, gente nueva muy ocupada en comprar curiosidades, en comer chile con carne, en fotografiarse por diez centavos en traje de vaquero. Era para morirse de risa mirarlos montarse en las jacas indias.

En esas idas y venidas me volví transitoriamente famoso. Una mañana en que me levanté con la cabeza más grande que un edificio fui informado que había ganado el segundo premio en el concurso de rodeo por mi diestra enlazadura y mi temeridad.

Después de desembriagarme y tonificarme lo suficiente, para realizar donde me encontraba, finalmente recordé de un modo confuso cómo estuve colgado el día anterior de los estribos de mi pequeña jaca mexicana, la tuerta Cristalina, y cómo repentinamente, seguido de una nube de polvo fui lanzado fuertemente contra el suelo. Mientras Cristalina aguzando las orejas y moviendo sus armoniosas ancas como el abanico de un ventilador marcaba una línea recta desde la punta de su cola.

Por lo que me contaron, yo eché bien la soga al animal y tiré de ella como es debido, pero el tirón fue tan fuerte que tanto Cristalina como yo fuimos lanzados al aire como cohetes.

Afortunadamente mi jaca, que era tan serena como un juez, pudo devolverse con velocidad extrema. Siguió tirando pausadamente del lazo mientras yo permanecía a gatas por el suelo arrastrándome hacia el novillo al que le até los pies en un tiempo récord. Cristalina era la ganadora del premio y no yo.

Cuando José y yo retornamos del rancho encontramos todo listo para nuestra partida. Aquélla ocurrió la misma noche. En vez de regresar por el mismo camino seguimos la línea de Río Grande, hasta El Paso del Águila con el fin de poder cruzar la frontera en caso de peligro. Nos desviamos hacia el sur y no nos detuvimos hasta que llegamos a Nueva Luzón, donde habíamos ocultado nuestras cuarenta cajas con *algo importante*, según instrucciones.

Fue entonces cuando José, después de echarme una mirada reveladora, me contó en secreto lo que realmente contenían aquellos bultos. No era dinamita, sino armas, con las que se intentaba hacer una revolución contra Díaz, organizada por Boyes. José me avisaba por lo tanto muy seriamente, que me evaporase para los Estados Unidos tan pronto como pudiera, si no quería verme envuelto en ese *affaire*. En pocas palabras, Boyes se había servido cobardemente de mí. Me había colocado inconscientemente en posición de traicionar la confianza del hombre, que por una u otra razón, me había brindado su amistad. El hecho era que Porfirio Díaz había sido muy amable conmigo y yo había pagado su gentileza del modo que no lo haría nunca un caballero o un soldado. Porque, no obstante sus defectos y el ruinoso sistema político que mantenía —sistema contra el que luché años después—, Porfirio Díaz era todo un señor y dentro de su esfera un grande hombre.

En estas circunstancias solo me quedaba un recurso: utilizar a Cristalina hasta la frontera, aunque el esfuerzo le causara la muerte. El general Boyes, tan pronto supiera que yo había huido, necesariamente enviaría sus rurales a perseguirme para colgarme de algún árbol. O probablemente para enterrarme vivo en un nido de hormigas.

Se inició mi época de vaquero. Única época de mi vida que no hubiese cambiado ni por todo el oro y los honores del mundo. Entré en tan honorable profesión en Panhandle, cerca de la cordillera de Sangre de Cristo. Seguí hacia Nevada y Arizona. Del Estado anterior me vino el nombre de Nevada-Méndez. Los vaqueros podían pronunciar mejor este apellido —que era el de mi madre— al de Inchauspe o de Nogales.

Permanecí en el desierto occidental por cierto tiempo llevando la vida de un verdadero *cowboy*. Pero el fatal mandamiento *no matarás,* de la Sagrada Escritura, estuvo contra mí. Así pasó la cosa.

Tim O'Reilly, mejor conocido como Lanky, era un compañero temerario. Un varón completo desde todos los ángulos. Siempre estaba buscando pleito y habitualmente bebía hasta el exceso. La cacha de su revólver tenía varias muescas, las únicas que pude ver durante mi vida de vaquero, porque dichas muescas —*dispararle a alguien desde la cadera y pegarle a un hombre en el entrecejo*— son términos que pertenecen casi al reino del mito. A lo menos en lo que concierne a los tiempos de los antiguos vaqueros.

Sin duda alguna que Lanky era un vaquero en toda la regla. No había ninguno más hábil por millas alrededor cuando había que disolver una estampida. Entonces todos teníamos que descubrimos ante él. Durante aquellas noches tormentosas cuando el trueno iba rodando como una bola de fuego sobre el tenebroso desierto, y la vacada formando un estrépito huía aterrorizada cual ola de una marea en aquel fosforescente camino abierto, pleno de bramidos, fantásticamente iluminado por el súbito relámpago, allí era que Lanky demostraba su proeza de vagabundear. Echaba tiros al aire con un revólver de seis balas en cada mano y desaparecía en su mustango pinto, dominando la dispersa manada desde el terrible Lone Canyon, que abría sus fauces ante nosotros como las quijadas de un monstruo.

Cosas corrientes en los felices días de cordillera abierta, cuando pastores novatos y aprendices eran escasos. Cada vez que vuelvo mis ojos hacia aquellos años, ya idos para siempre, no puedo ocultar una profunda sensación de soledad que degenera en hacerme sentir viejo, muy viejo.

Una mañana, después de aquellas espeluznantes estampidas, en las que Lanky se había conducido tan brillantemente como para sentirnos orgullosos de él, nos sentamos en nuestros sudaderos al frente de nuestro camión de comestibles. Comíamos agradablemente un pilón de hojuelas, con tasajo de carne y café, cuando de pronto Lanky apareció con un juego de naipes y un galón de aguardiente semejante a *veneno para ratas.* En otras palabras, Lanky iniciaba la borrachera.

Me sentía tan cansado después de haber estado toda la noche montado a caballo que decidí reposar por un momento. Mitigaba los varios batacazos y contusiones sufridas por haber rodado varias veces de *Dulcita,* mi jaca de orejas caídas. Me sentía realmente avergonzado. Hecho astillas. Así que malhumorado me envolví en una manta después del almuerzo y me acosté a la sombra de unos árboles.

Lanky ya se había tomado algunas copas. Empezó a molestarme hasta que se atrevió a insinuarme que la razón por la cual yo no quería jugar era por no perder mis dólares. Esto puso las cosas en su punto.

No había peleado nunca con Lanky porque siempre estaba jugándose conmigo. Pero esta reciente manera de decir las cosas era tan chocante que tuve varias veces que tragar grueso a fin de controlarme.

Frenchy, un divertido muchacho del equipo, vio asomarse la tormenta y empezó a relatar la historia de la cacería de un oso gris que habíamos intentado perseguir días anteriores, sin tener que registrar ningún hueso roto.

Mientras Frenchy estaba echando su cuento, Lanky había continuado bebiendo suficiente alcohol como para mantener lista su maquinaria contra mí. Se volvió más y más desagradable. Sus observaciones lo que menos tenían era de graciosas. De nuevo y de nuevo circulaba el galón. Cuando el primero se declaró *muerto,* Doc Smith, nuestro cocinero, desenterró otro no se supo de dónde.

Como siempre acontece cuando un hombre no tiene ganas de jugar, la suerte estaba de mi lado. Billetes de banco y dólares se mantenían amontonados frente a mí, mientras Lanky, quien prácticamente me había obligado a jugar, ya iba perdiendo su última moneda. Eso significaba que el juego se acercaba a una línea peligrosa. Lanky parecía estar aparentemente pacífico. Sabía por experiencia que cuando yo tenía algunas copas en la cabeza y rehusaba contestar tontas preguntas, alguna cosa iba a pasar. Y realmente pasó.

Con un gruñido, similar al que hacía Frenchy en su cuento del oso, Lanky saltó de su asiento y dirigiéndose a mí, ademán de estrechar mi mano, berreó:

*Es el colmo, chico, tú has estado jugando con cuatro ases y el quinto lo tienes en la manga. ¡Confiésalo!*

*¡Tú eres un miserable canalla...!* le grité.

Inmediatamente me apuntó con su revólver. Yo fui más rápido. Súbitamente cayó por el suelo con las dos manos apretadas sobre su costado. Su mirada salvaje de un gris acero se dulcificó. Luego se hizo melancólica. Y quitándose con la manga un hilillo de sangre que brotaba por la comisura de sus labios, rezongó débilmente:

*Perdóname, chico, no quise decir eso, fue el maldito trago.*

*Fue una bocanada, Lanky,* repliqué con un nudo en la garganta, apretando fuertemente sus velludas manos.

Desde entonces nunca más toqué un naipe.

A pesar de que mis compañeros me daban la razón de que yo había actuado en mi legítima defensa, pensé que lo mejor era ensillar mi caballo y cabalgar hacia el bosque. Por un motivo u otro el recuerdo del rostro moribundo de Lanky me perseguía por todas partes. Me sentí confuso interiormente, no obstante que la ley estaría de parte mía. Pero me daba cuenta, por primera vez en mi vida, de que las leyes humanas no valen nada comparadas con otra tremenda ley que dirige el universo. ¡La conciencia!

En Yuma vendí mi caballo y mi equipo. En San Francisco, con lo que arañé de aquí y de allá, tomé pasaje para China en un vapor volandero.

## III. Puerto Arturo o mi esqueleto en el armario

Por la época en que llegué al Celeste Imperio ocurría el período de intriga internacional, que finalmente degeneró en la guerra Sino-Japonesa. No era extraño, por lo tanto, que inmediatamente que arribara allí, Mister Evans, uno de los secretarios encargados del Imperio de Corea, mirándome agudamente a través de su monóculo me diera este consejo en tono comprensivo: «si usted aspira a tener éxito en China, transfórmese en un hombre solitario, si fuere posible use un nombre supuesto, alguno de los apellidos de su familia que no sean conocidos, pues es peligroso para un forastero en el Lejano Oriente saber demasiadas cosas que nunca debió conocer. Y mucho más peligroso hablar de ellas». Sin duda fue por eso que el secretario de guerra de Venezuela cablegrafió varias veces al Japón tratando de informarse del nombre auténtico de cierto oficial del ejército venezolano que estuvo haciendo maniobras durante los dos o tres primeros meses de la guerra Sino-Japonesa. Súbitamente había desaparecido como si se lo hubiese tragado la tierra, sin dejar el más leve rastro de su dirección.

Este es el motivo por el cual rara vez hablo de mis hazañas alrededor de los mares de la China-Pekín, Seúl, Puerto Arturo. Esta es la razón por la cual abandoné el Lejano Oriente para ir a cazar en Alaska en gran escala, durante la primera semana de mayo de 1904, después de nuestro desembarco en Pi-Tse-Wo, donde fui ligeramente herido.

De cualquier modo que fuere, a fin de consignar las pequeñas aventuras que podían pasarle a un hombre en China por aquel tiempo, justamente antes de comenzar la guerra Sino-Japonesa, relataré el siguiente incidente que me sucedió en la ciudad de Amoy.

Después de un ágape ofrecido por el gobernador de la provincia —casi muero de indigestión—. Ignorando que una comida china consistía en una o dos docenas de platos, la mayoría pesados, comí liberalmente de los dos primeros. Por educación tomé un bocado de los siguientes quince o veinte, con el resultado de que aquella noche vi dragones afincados sobre mi cabeza.

En dicha ocasión tuve el honor de conocer a cierto agente diplomático o consular, casado con una encantadora dama portuguesa que tenía una hermana en Macao.

Mientras el señor Matos permaneció fuera algunos días en ciertos asuntos *confidenciales* —todos los asuntos diplomáticos-consulares eran por aquel tiempo *confidenciales*— la señora Matos vino a mí con lágrimas en los ojos a contarme que un funcionario del gobierno portugués, cuyas proposiciones ella había rechazado, la había amenazado con exponerla a la vindicta pública. Por eso había tenido que huir prácticamente de Macao, con tal premura, que había olvidado un legajo de correspondencia privada —cartas de amor naturalmente— que ella había guardado en cierta gaveta.

Me aseguraba que su hermana me lo entregaría en propias manos, si le hacía el servicio de ir a buscarlo personalmente. ¿Por qué no? No hubiera sido un caballero si rehuso tan pequeño servicio a tan encantadora dama. En Macao fui muy bien recibido por la hermana de la señora Matos, la señora Dubois. Pero mi visita tomó un cariz que apresuró mi ardiente deseo de retornar a Amoy lo antes posible. El marido de la señora Dubois entró apresuradamente una noche en la casa con los ojos inyectados, blandiendo un revólver de seis tiros en su diestra, conduciéndose en fin, como un patán. Recordando que no había ido a Macao por propia voluntad sino para rendirle un servicio a la señora Matos, y no olvidando que aquella *correspondencia privada* no debía ser leída por funcionarios portugueses, coloqué el legajo en un bolsillo secreto que además cosí, deslizándome en la oscuridad de una callejuela cercana. De allí cogí hacia el puerto, donde alquilé un junco que apresuradamente se hizo a la vela. Desaparecí en la noche, silencioso como un murciélago.

Luego supe, por Mister Evans, que la señora Matos no era tal señora Matos, ni el señor Dubois el esposo de la señora Dubois, ni aquellas cartas eran de amor sino muy valiosos documentos políticos que dicha banda de petardistas habían robado. Me habían embaucado con engaños.

Después de similares experiencias en Cantón, desembarqué en Shangai, en la Navidad de 1903, registrándome en uno de los hoteles de moda. A la mañana siguiente Mister Evans vino a verme. Me estaba esperando. Había quedado yo escamado por aquellos días, de modo que Mister Evans tuvo mucha dificultad en ganarme para su causa. Tuvo cierto cuidado en revelarme sus secretos hasta que fue demasiado tarde para echarme atrás. Me nombró agente diplomático y confidencial del gobierno de Corea, del cual era alto oficial (tenía yo veintitrés años). También me suministró el dinero necesario y me despachó inmediatamente para Pekín.

Me sentí como en mi casa en el Hotel Wagon-Lit y debido a mi educación europea y a que hablaba perfectamente varios idiomas, pronto tomé parte en las varias reuniones que me habían sido ordenadas como parte importante en relación a Yuan Chikai. El todo poderoso virrey de Chihli y futuro presidente de China. Conocí sus tantos proyectos con la guerra Sino-Japonesa que se esperaba ver estallar de un momento a otro.

Tales investigaciones eran absolutamente necesarias en vista de los esfuerzos de Rusia para empujar a China en el futuro conflicto proponiéndole una alianza similar a aquélla que en el año anterior se había registrado entre el Japón y el Imperio británico.

La diferencia entre esas dos alianzas era que la participación inglesa en la guerra próxima no sería de mucho valor práctico porque Inglaterra no tenía en aquel tiempo, como durante la Guerra mundial, una visión clara del problema sino relativamente un regular e insignificante ejército. Inglaterra no podía enviar a Manchuria más de cincuenta o cien hombres —una simple gota de agua dentro de un balde— cuando se compara con los cientos de miles de soldados rusos y japoneses que hubieran tomado parte en la inminente guerra. China, al movilizar su innumerable *carne de cañón* (ex-boxers, bandidos y diversos criminales) como el resto del ejército, incluyendo las cinco o seis disciplinadas divisiones de infantería que Yuan Chikai tenía listas en la frontera de Manchuria, podía fácilmente haber neutralizado la acción de Inglaterra en la guerra. Podía hostigar las posesiones británicas de Hong Kong, Wai-Hai-Wai, etc., y ayudar a los rusos a detener el desembarco de las tropas japonesas en Corea, en la estratégica e importante península de Liaotung, la puerta de Manchuria. Teniendo en cuenta esto se me había confiado un gran honor al destinarme a tales investigaciones de las que dependía en cierto modo el resultado final de la guerra próxima. Eran pesquisas que requerían mucho tacto y una gran visión no solo de estrategia militar sino también de conocimiento de las muy injuriadas y grandemente menospreciadas potencias militares del Celeste Imperio.

Uno de los principales motivos por el cual los ejércitos turco y caucásico, segunda y tercera división, respectivamente, triunfaron en detener el avance moscovita en el frente oriental, durante la Guerra mundial, fue porque los jefes alemanes y turcos estuvieron, al igual que yo en aquellos momentos, en China y en Rusia, cumpliendo eficientes servicios de inteligencia militar antes de estallar la Guerra mundial. Si no hubiera sido por el trabajo en filigrana ejecutado por Lord Kitchener y los magníficos mapas de Siria y Palestina que dibujó secretamente durante los seis años en que sirvió como mayor del ejército turco, las fuerzas expedicionarias británicas en la península de Sinaí y en Palestina hubieran estado en desventaja a pesar de su superioridad técnica y su número superior sobre las tropas turcas.

Estuve demasiado ocupado desde mi llegada a Pekín. Retornaba a China a cumplir la importante misión político-militar que me había sido confiada. Aunque sobreponiéndome a la aversión que siempre sentí por todo lo que fuera trabajo de espionaje, nunca perdí de vista la peligrosa telaraña que el astuto virrey estaba tejiendo a mi alrededor.

Antes de la guerra Sino-Japonesa, en 1895-1896, actuó como Emperador chino residente en el Reino Ermitaño de Corea. Gracias a su gran habilidad pudo sostener la decadente soberanía china en aquel antiguo estado vasallo del Celeste Imperio que los japoneses acondicionaron por muchas razones. Después de la guerra Sino-Japonesa, Yuan-Chi ganó los más altos honores con la emperatriz heredera de Tzu-Hsi, como recompensa por el frustrado *coup d'état* del Emperador Huang-Hsu en 1898. Como virrey de Chihli y sucesor de Li-Hung-Chang, Yuan estaba haciendo todo lo posible para impedir la ascendencia del Japón y su proyecto de poner pie en Manchuria —último intento del Japón durante la guerra Sino-Japonesa—. La razón auténtica de que Yuan-Chi estuviera secretamente del lado de Rusia por aquellos días fue para enemistar al Japón, que debido a su proximidad con el Imperio chino, representaba un peligro mayor que Rusia misma para la integridad territorial de China.

Mientras me mantenía en actividad en Pekín, haciendo todo lo posible en favor de Mister Evans —y a través de él indirectamente en favor del gobierno japonés, del que se suponía ser un secreto aliado—, yo estaba inconscientemente jugando con fuego sin darme cuenta. Era totalmente ignorante del terrible lío en que me había metido.

Durante una hermosa mañana invernal de enero de 1904, mientras los rayos solares lanzaban iridiscentes chispas sobre los techos cubiertos de nieve del *Red Palace*, fue cuando sospeché el verdadero peligro que corría.

Cuando montaba mi caballo para hacer mi paseo habitual, observé inexplicablemente que mi ayudante chino había colocado apresuradamente mi sobretodo de invierno sobre mi silla de montar. Después de trotar un poco en los alrededores de la Legación, soñando felizmente en el coctel a que había sido invitado, desvié hacia los arrabales de la ciudad para gozar del espectáculo de la multitud de campesinos que llegaban con productos agrícolas.

Mientras trataba de abrirme camino entre una caravana interminable de impasibles camellos que anadeaban a lo largo de la calle como una hilera de gansos, me dirigí hacia un típico depósito chino de desperdicios. Haciendo girar mi pony a fin de apartarme de la maloliente pirámide, fue atraída mi atención por un pequeñísimo casi imperceptible grito. Con el pañuelo pegado a mi nariz miré a mi alrededor para descubrir la causa de aquel gemido. Era una criatura recién nacida, de dos o tres días, envuelta en pedazos de papel, colocada hábilmente en aquel montón de basura. Estaba moviendo sus diminutos piecesitos y frotando sus manitas. Su escuálido cuerpecito, casi púrpura debido al frío, ya estaba atrayendo la codicia de varios perros carroñeros que parecían tan solo esperar que yo diese media vuelta para caerle a dentelladas.

Me di inmediatamente cuenta, en tales circunstancias, que su vida dependía de un solo gesto mío. Y lo cumplí. Me apeé del caballo, envolví la miserable criatura en mi paltó y dirigiéndome a la más cercana institución cristiana, que parecía ser de monjas católicas, toqué a la puerta. Me parece ver aún la asombrada y feliz expresión de la madre superiora cuando coloqué la niña en sus manos.

Antes de partir del monasterio, la madre superiora sacudió sus bolsillos como buscando el acostumbrado puñado de centavos de cobre que los misioneros regularmente dan en pago a quien les trae niños abandonados. Tomé uno de los centavos para guardarlo como *souvenir*, pero devolví los otros inmediatamente con un billete de diez dólares. Una modesta ayuda para tratar de salvar a muchas chiquillas como ésta, encontrada entre basura y desperdicios.

Este incidente me ayudó a ponerme en contacto con el potente virrey de Chihli, Yuan Chikai, cuyos espías, tal como me informara él mismo, habían estado siguiendo mis pasos alrededor de todo Pekín. A mi retorno al hotel aquella noche encontré una nota del Virrey en la que, sin explicación alguna, me invitaba a visitarlo al siguiente día.

Mientras leía cuidadosamente la esquela noté inmediatamente en los ojos de mi intérprete Chen que algo no marchaba bien. Chen era un *attaché* al Ministerio del Interior, en Corea, que Evans me había transformado en intérprete. Era un joven brillante y excepcionalmente bien preparado para su misión. También muy valiente. Después de leer el mensaje apagó la luz —por miedo a que los hombres del servicio secreto de Yuan Chikai, nos espiaran a través de las troneras de media pulgada hechas en las paredes y cielo raso de mi cuarto— y me dijo al oído: *estamos perdidos. Los honorables verdugos del virrey nos acechan.*

Muy temprano a la siguiente mañana me dirigí a la residencia de Yuan Chikai. Fui introducido en su despacho inmediatamente. Lo encontré sentado ante su escritorio de teca, leyendo aparentemente correspondencia oficial pero en realidad observándome cuidadosamente con el rabillo del ojo. Haciéndome el indiferente, tiré mi sombrero en un canapé, prendí un cigarrillo y me senté confortablemente en un sillón esperando por Su Señoría. Mi displicencia debió haber impresionado al cauteloso viejo zorro, porque poniendo a un lado bruscamente sus papeles y sacando de su manga bombacha un vistoso abanico, se dirigió a mí, a través de su secretario con gafas, que hablaba el inglés bastante bien, con el siguiente discurso:

*Inmediatamente después de su llegada a China el gobernador de Amoy, de quien es usted huésped, me dio todas sus referencias. Lamentablemente Mister Evans supo actuar más rápido y aprovechó sus servicios. Me hubiese gustado que usted hubiese pertenecido al digno servicio de Su Majestad. No obstante, si después de la guerra que está próxima a explotar entre Rusia y Japón, usted decide permanecer en oriente, sería para nosotros muy grato comprometerlo a usted en nuestro ejército o en cualquier rama del gobierno que usted quiera elegir —¡solo por lo que usted ha hecho por ella! Y levantan-*

do una rica manta de seda violeta, que permanecía abullonada en la esquina de su escritorio, me descubrió, profundamente dormida entre un nido de lienzos blancos, a la niña que había salvado el día anterior.

*Es una lástima* —continuó diciendo con su voz de falsete— *que usted haya malgastado su talento con ese hombre abominable que es Mister Evans. Está tratando de vender Corea a los japoneses. Sin embargo, la suerte está echada. ¡Pero recuerde, si llego a apresarlo espiando de nuevo en territorio chino, éste va a ser su destino!* Descorriendo una pesada cortina me señaló con su brazo extendido a Chen, cuyo destrozado cadáver colgaba rígidamente dramático de la rama de un almendro deshojado.

Haciendo una ligera reverencia salí del despacho del virrey, pagué mi cuenta de hotel y tomé el próximo barco para Corea. Nunca llegué a saber por cuál razón el rescate de la recién nacida me había congraciado con Yuan Chikai. En Corea envié el informe de mi trabajo preliminar a Mister Evans, quien pareció bastante satisfecho del resultado obtenido.

Una semana más o menos después de mi llegada a Seúl, Corea, mientras jugaba tennis en una de las legaciones extranjeras, recibí una llamada urgente de Mister Evans. A juzgar por el tono de su voz estaba en un aprieto. Cuando entré en su despacho lo encontré muy nervioso caminando de arriba a abajo, frente a una caja fuerte donde guardaba su correspondencia secreta y algunos valiosos documentos oficiales destinados al despacho extranjero japonés.

Apenas me vio me señaló la caja, exclamando con aire melodramático: *¿Qué piensa usted de esto?*

No pude menos que soltar la risa al ver la expresión destemplada de su rostro abatido, ante la caja abierta de par en par. Había sido violada y robada mientras almorzaba. Mi informe y el inapreciable mapa dibujado a mano de las fortificaciones de Puerto Arturo, que Mister Evans intentaba mandar al Japón, todo había desaparecido. Uno de los funcionarios informó haber visto, después de la salida de Mister Evans, a un chino con gafas que salió apresuradamente del ministerio y se metió en un pequeño carruaje que lo esperaba a la vuelta de la esquina. Así que Yuan Chikai se había vengado.

Me había devuelto mi visita a Pekín más pronto de lo que yo esperaba, pues la descripción del presunto ladrón concordaba exactamente con el secretario del virrey que había actuado como intérprete aquella mañana en la cual el pobre Chen había sido torturado hasta morir y luego colgado de un árbol. De modo que toda la fuerza policial del Imperio Ermitaño fue inmediatamente puesta en actividad, pero nuestro esfuerzo para recobrar dichos documentos fue inútil. Se habían ido para siempre. La pérdida de mi informe no tenía importancia, pues yo tenía una copia en un lugar seguro. Pero la pérdida del mapa sí era grave, ya que representaba el *único verdadero mapa* que había sido dibujado en Meter Hill 202, Long Hill y la sección Meter Hill 180, pertenecientes a las posiciones avanzadas que protegían el muelle de Puerto Arturo desde el oeste.

Fuera de algunos anticuados informes los japoneses no tenían realmente una información definitiva sobre el más importante sector de la península de Liaotung, pues aquellas fortificaciones habían sido protegidas y modificadas entre tanto por orden del general Stoessel, comandante en jefe de Puerto Arturo.

A pesar de que la mayoría de las mejoras proyectadas en la línea principal de defensa no habían sido terminadas por falta de fondos, los permanentes trabajos de las fortalezas de Sung-Shu, Er-Lung, Pan-Lung y Ki-Kuan a lo largo del viejo muro chino, que se extiende de cuatro a cinco kilómetros en la dirección norte de la vieja ciudad o Puerto Arturo, fueron suplantados por una hilera de trabajos inestables que incluían numerosos reductos y series de estratégicas líneas paralelas de trincheras improvisadas con proyectores, cañones y dos o trescientos obuses y piezas de artillería de montaña que disparaban fuego efectivo en todas direcciones. El robo del precioso mapa representaba por lo tanto la pérdida de un tesoro, no solo para Mister Evans —que era un despierto hombre de negocios— sino también para sus clientes en el Imperio del Sol Naciente que habían hecho sus cálculos sobre dicho mapa para dirigir con éxito la segunda división del ejército del general Oku y la tercera división del general Nogui, quienes estaban secretamente en conocimiento de los planes de ocupación de Puerto Arturo. Entretanto la división meridional del escuadrón ruso del Pacífico bajo el Almirante Starck, se había refugiado en aquel espacioso muelle.

Aquellos barcos de guerra tenían que ser eliminados, no importaba a cual precio. Los ejércitos japoneses que operaban en Manchuria no podían dejar en su retaguardia aquella fuerte base naval y parte de la flota rusa, compuesta de poderosas unidades como el barco de guerra *Petropawlowsk* de la flota báltica rusa que se hallaba en comisión y se esperaba que se reportara sobre el Golfo de Petchili, tan pronto como fuese movilizado. Los tentáculos de Yuan Chikai iban muy lejos. Su palabra era ley en las playas de los mares de la China amarilla. Sus hombres habían estado observando a los agentes de Evans cuando dibujaron aquel mapa sin interferirles el paso, luego saltaron sobre él, como el gato sobre el ratón.

Posiblemente las pérdidas durante el sitio de Puerto Arturo hubieran ascendido a noventa mil hombres, incluyendo treinta mil soldados enfermos, si no hubiese sido por la pérdida de aquel mapa que dejaba a los japoneses imperfectamente informados de la fuerza real de aquella guarnición y de la naturaleza de sus defensas.

Aquella noche Mister Evans y yo tuvimos una larga conferencia. Era un hombre que no aceptaba de ninguna manera el fracaso. Estaba dispuesto a tratar con cualquier persona de no importa cual asunto, por absurdo que fuera, si de ello sacaba algún provecho. De mediana estatura, con el bigote recortado como un jovencito, se parecía a la mayoría de los aventureros que habían desembarcado en oriente. Estaba dotado de gran juicio unido a una cierta dosis de insolencia y a una insaciable sed de oro. Mammón era su Dios. Su único ideal era hacerse millonario. Como muchos ricos en proyecto había olvidado lo principal: lo difícil que es obrar sin engaño cuando se presenta la verdadera oportunidad.

*Si pudiera asegurar de nuevo un mapa de las fortificaciones de Puerto Arturo* exclamaba con aire dramático *aunque fuese mal pintado, yo sería un hombre completo. Esto ayudaría a ganar la guerra a los japoneses. ¡Y, después de la guerra, chico, el mundo será nuestro!*

Así pasó toda la noche, alternativamente limpiando su monóculo con un pañuelo de seda y vertiendo *Whisky and soda* en mi garganta. Mientras hablaba y hablaba incesantemente, aturdiéndome con su conversación semejante a un murmullo de rezos de una orden de religiosos del Tibet, finalmente me di por vencido y le prometí pintar de nuevo un mapa para él. Me jugaba la vida, pues Yuan Chikai me tenía la vista puesta. Puerto Arturo, temporalmente abandonado a los rusos, era a pesar de todo, territorio chino. El viejo Yuan-Chi me había dicho: *Si de nuevo lo agarro en mi territorio usted se disolverá como el humo. De eso puede estar seguro.*

El intérprete que me acompañó durante mi nueva escaramuza era un diminuto chino, cambeto, que atendía al nombre de Wow-Ling, o Ling. Su rostro era tan arrugado y marchito como una papa seca. Se presentó como hábil cartógrafo. Noté inmediatamente que su trenza era artificial, signo seguro de que había escapado recientemente de alguna prisión china del Celeste Imperio. En aquellos días lo primero que se le hacía a un nuevo convicto era inhabilitarlo cortándole su coleta. Pero, así fuera o no pájaro de la cárcel, el hecho era que Wow-Ling era considerado como un erudito. No olvidaba sin embargo que Yuan-Chi le hubiese cortado de todos modos la trenza al saberlo amigo mío.

Como dije anteriormente el general Stoessel, comandante de Puerto Arturo era suizo de nacimiento. Con mi perfecto alemán, francés e italiano había conocido a Suiza de cabo a rabo. Decidí pues afeitarme el bigote, busqué un par de anteojos ahumados, me vestí como un buhonero recién llegado de Europa. A mis espaldas colgaba un bulto contcniendo relojes suizos baratos, cuando tomé pasaje en un maloliente barco mercante chino con destino a las Islas Ellis y Pi-Tse-Wo en la extremidad sudeste de la península de Liaotung. Ling me acompañaba disfrazado como un culi. A fin de despistar al servicio secreto de Yuan, me anoté como viajero periodista semioficial, habiendo abandonado a Tokio por el camino de Chemulpo, en un barco japonés el día anterior.

Fue un tedioso viaje de varios días en aquel desagradable barco costanero, donde aprendí, como un nativo, a comer pescado horneado y a beber *saki,* o aguardiente de arroz. Desembarqué con Ling, bajo el peso de un terrible malestar en el miserable pequeño puerto de Pi-Tse-Wo. Inmediatamente fuimos abordados por un par de empleados borrachos de la aduana, cuyo tufo me recordaba vivamente el cementerio. Afortunadamente aquellos *mujiks* estaban muy lejos de reparar en el bulto de relojes que llevaba a la espalda. Nos dejaron pasar. Desde el minuto que los perdimos de vista Ling y yo nos esfumamos en la próxima avenida y empezamos a ofrecer nuestra mercancía a los peatones.

Abastecimos especialmente a dos soldados rusos y a oficiales que pasaban cerca de nosotros. Uno de ellos compró uno y lo pagó magníficamente. Se sorprendió cuando me oyó hablar francés. Cuando le dije que era de Neufchatel, de Suiza, respondió al rompe:

*¿Por qué no va a ver al comandante general Stoessel? Él también es suizo. Tal vez le dé un cargo en nuestro servicio de inteligencia. Nuestros espías están muy bien pagados.*

*¿Pero cómo podría conocerle? ¡Si apenas soy un simple buhonero! Eso es perfectamente posible* —replicó el oficial—.

Y sacando un lápiz garabateó unas pocas palabras en un pedacito de papel que me entregó como una especie de salvoconducto, con la advertencia de si alguno trata de molestarlo le enseña este papel. Yo soy el coronel Voronoff.

El coronel Voronoff era nada menos que el jefe confidente del Almirante Alexieff, el ruso imperial residente en Siberia Oriental. La razón por la cual se había dirigido a mí en la calle de aquella manera, fue probablemente porque le parecí sospechoso y deseaba sin duda ganarme para su causa y su departamento de tercer grado. Si después de un riguroso interrogatorio, resultaba OK, su crédito hubiera aumentado por haber añadido una nueva ficha a su bien organizado sistema de espionaje.

Este inesperado golpe de suerte me hizo sentir tan bien que estuve a punto de regalarle al coronel todos los relojes. Pero Ling, un sabio viejo ganso, me sacudió discretamente por la manga en diferente dirección hacia la calle que llevaba a Dalney, muelle comercial de Puerto Arturo. Allí intentamos instalar nuestro cuartel hasta que estuviera más segura nuestra situación. El servicio secreto de Rusia era suspicaz en extremo. Además corrían persistentes rumores desde el día anterior, 5 de febrero, de que la guerra había sido declarada entre Rusia y Japón.

Teníamos que cuidarnos también de Yuan Chikai y su gang criminal que nos habría entregado inmediatamente a los rusos si descubrían nuestro paradero.

Vagamos aburridos por el camino de Pi-Tse-Wo-Nau-Chang que parecía a veces un río de pantano líquido, finalmente alcanzamos nuestro destino: Dalney. Nos hicimos tan invisibles como pudimos por un par de días. La noche anterior la flota de barcos de guerra del Almirante Togo había sido[1] un ataque sorpresa que había causado grandes estragos en la escuadra del Pacífico del Almirante Stark, sobre la bahía de Puerto Arturo. Ese brillante ataque de la flota japonesa paralizaba las actividades de la escuadra rusa, a lo menos por unas semanas, hasta que el Almirante Makarov asumió el comando de todas las fuerzas navales en el Pacífico.

En el momento de nuestra llegada, Dalney estaba entre las garras del terror. Se esperaba que las fuerzas japonesas desembarcaran de un momento a otro. La ciudad estaba sitiada con tropas, que la patrullaban de arriba a abajo, haciendo un terrible escándalo, mientras sus baterías de campaña estallaban a través de las estrechas carreteras en su camino hacia el frente. Nunca cesó el fuego a la entrada del muelle de Puerto Arturo, donde los barcos de guerra japoneses custodiaban las fortificaciones de la Colina Dorada y Cola de Tigre, para ayudar así a sus cruceros ligeros y embarcaciones torpedo a forzarlo y destruir la flota rusa.

El bloqueo de Puerto Arturo había sido definitivamente establecido.

Lo primero que hicimos a nuestra llegada a Dalney fue arrancarnos la costra de tres pulgadas de genuino pantano de Manchuria que cubría nuestras piernas y alquilar un inmundo cuartucho en el patio posterior de la casa de un ruso, comerciante en té. También sorbimos un vaso de saki cada uno, para comunicarnos brío. La península de Liaotung en donde entrábamos era una madriguera de leones, aun sin sospechar que las hostilidades iban a explotar más pronto de lo que pensábamos.

En Dalney, después de varios días de descanso y de haber vendido media docena de relojes, inspeccionamos bien el terreno y nos fuimos a Puerto Adams, donde esperábamos hacer una buena investigación en Nauchang-Hill, donde de acuerdo con Mr. Evans, probablemente la segunda división del general Oku trataría de desembarcar, después de invernar en Chinampo, cerca de la boca del río Yale.

---

1    Sic.

Como no habíamos traído con nosotros cámaras fotográficas, por temor a que nos descubrieran, nuestro trabajo era enteramente intelectual. Por lo tanto bastante extenuante. En vez de cuadros reales y notas escritas, teníamos que retener en nuestra memoria cuanto veíamos, compararlo y discutirlo por la noche a la luz de un candil. Dibujábamos luego con los dedos, sobre el piso de tierra de nuestra guarida, el sitio y bosquejo de las varias fortificaciones, reductos, baterías y todo cuanto habíamos *captado* aquel día, mientras negociábamos y charlábamos por horas con centinelas rusos, tan poco suspicaces, como para no recelar nunca del ínfimo precio de nuestros baratos relojes plateados.

Algunas veces, cuando excepcionalmente obteníamos buenos resultados, sellábamos el negocio vendiendo a un *mujik* el codiciado reloj, a crédito, sistema desconocido que inmediatamente se hacía tema obligado de conversación, haciéndonos más populares, especialmente entre la tropa.

Cada noche, después de trazar y retrazar por horas sobre el sucio suelo empantanado de nuestro cuartucho, a la luz miserable de una vela, la forma de las diversas trincheras que habíamos cruzado ese día, Ling escribía y dibujaba con la ayuda de un vidrio de aumento nuestros apuntes mentales. Iban surgiendo cuadros sobre un diminuto y delgado papel de pergamino, del tamaño de un tercio de la capa de un cigarrillo. Después que lo examinaba y lo declaraba correcto, Ling lo enrollaba, hasta hacerlo del tamaño de una cabeza de alfiler y *lo archivaba...* Se sacaba de la boca tres o cuatro dientes de oro, huecos por dentro, y colocaba allí el minúsculo documento, rellenaba el vacío con un pedacito de cera y volvía a colocar los dientes en su lugar original.

Mientras la metralla retumbaba alrededor de nosotros y graznaban los cuervos pidiendo más y más carroña, Ling y yo, con nuestro dinámico negocio de relojes, añadíamos cada día un nuevo mapa o informe a nuestra colección que iba al archivo portátil de Ling, sin que nadie sospechara lo que realmente estábamos preparando.

El día en que nos decidimos a probar nuestra suerte en Puerto Arturo, a despecho del bloqueo, pronto nos percatamos de que era casi imposible romper las líneas de las trincheras, que rodeaban la ciudad, sin atraer la atención de la policía rusa. Había solamente dos caminos que llevaban a

Puerto Arturo; uno, que iba por Shui-Shi, donde se encontraban los templetes para suministro del agua y el fuerte de Sung-Shu, a lo largo del río que corre del valle a la vieja ciudad. El otro era el fangoso camino del caserío de Yu-Kaí-Tung, al oeste de la nueva ciudad, casi inaccesible a causa del gran rodeo que uno tenía que dar. Viendo la imposibilidad de usar cualquiera de los dos caminos, contratamos en Dalney a un pescador de nombre Huang, para que nos llevara al promontorio Cola de Tigre, a la entrada del muelle de Puerto Arturo. Nuestro viaje era terriblemente peligroso, no solo por las corrientes de hielo y el mar encrespado que podía echar a pique nuestro *sampán* sino por el patrullaje de botes japoneses y astutos torpederos que nos podían hundir al confundirnos fácilmente con forzadores de bloqueo rusos.

Afortunadamente pudimos manejarnos para quedarnos un tiempo en la península sin ser descubiertos. Huang, en cuya casucha nos acomodamos por el tiempo necesario, era un hombre experimentado, lo que se dice, un veterano. Odiaba por igual a los rusos y a los japoneses. Cuando le dije a través de Lifig que yo era de Suiza, el país que no podía enviar tropas a China o bombardear los puertos chinos porque no tenía flota, se sintió muy aliviado y nos vendió algún arroz, pescado frito y saki, lo que nos vino al pelo después de nuestro azaroso y desprovisto viaje.

Antes de sentarnos en el suelo a gozar de nuestra frugal comida le recordé a Ling, que se quitara sus dientes de oro primero, no fuera a tragarse algunas de nuestras valiosas informaciones. Las pocas monedas de cobre que pagamos por nuestra comida, y la promesa de venderle a crédito a Huang uno de nuestros relojes, si nos desembarcaba en un sitio apropiado en Puerto Arturo, donde los inspectores de aduana no pudiesen vigilarnos, convirtió pronto al viejo Huang en un amigo. Siempre que una patrulla rusa se acercaba a su casucha, nos avisaba a fin de que pudiéramos escondernos.

Finalmente, después de algunos días de angustiosa espera, nos desembarcó en una noche oscura en la cabaña de su sobrino Chang, frente a las aguas de Puerto Arturo. Chang nos alquiló un cuarto en el cual pasamos el resto de la noche discutiendo futuros proyectos. A la siguiente mañana, mientras nos abríamos paso a través de una multitud de malolientes culíes, mendigos y un torrente de soldados rusos que parecían llenar todo el espacio libre del tránsito principal de Puerto Arturo, dos policías nos detuvieron pidiéndonos nuestras licencias. Estábamos ocupando terreno al vender nuestros relojes. Como no podíamos presentar la necesaria licencia nos detuvieron ceremoniosamente y nos llevaron presos. Cuando nos condujeron aquel mediodía ante el jefe de policía para clasificarnos, saqué el pequeño pase que me había dado el coronel Voronoff y se lo mostré al capitán. Instantáneamente su rostro feroz tomó una expresión paternal y de la más gentil manera me lo retornó con un expresivo:

*Merci, monsieur, ¿qué puedo hacer por usted?*

*Muchas cosas,* repliqué humildemente. *¿Qué hay de los relojes que su policía nos arrebató antes de arrestarnos?* Infortunadamente, por más que el capitán trató de resolver el misterio, sus dos subalternos juraron por San Pedro y San Pablo que nunca habían visto tales relojes. Tales idiotas no imaginaban que negando su robo me estaban dando un pretexto para pedirle protección al general. Sin embargo, no se encontraba por ahora el general Stoessel. Nadie parecía saber su paradero. Durante nuestras idas y venidas, mientras trataban de localizarlo, tuvimos una amplia oportunidad de inspeccionar el puerto.

Chequeamos los inhabilitados buques de guerra llenos de marineros. Observamos que el fuego de las armas japonesas era en extremo defectuoso —probablemente por falta de apropiados mapas.

Clasificamos nuestros mapas, coordinamos y archivamos conjuntamente la larga lista de todo el pertrecho de guerra de los barcos de guerra rusos, luego llamé al jefe de policía para pedirle la dirección del coronel Voronoff. El capitán y yo nos habíamos vuelto camaradas, tal vez porque siempre pagaba por sus tragos. Le encontré medio borracho en uno de los más desacreditados garitos del lugar. Daba traspiés en compañía de un marinero también ebrio a quien le hacía cosquillas en el estómago. Cuando le pregunté por la dirección del coronel me contestó ásperamente, de un modo evasivo. Después de haber engullido el undécimo trago y de pedir uno más, repentinamente se encaró frente a mí con una sonrisa felina en su rostro abotagado y me dijo: *Oiga hermano, a mi no me parece que usted sea un suizo. ¡Váyase al diablo! Mejor es que venga conmigo...*

Fue todo lo que pudo decir. Inmediatamente la moza de la taberna se hizo cargo de la situación, brindándole un vaso de vodka. Lo apuró de un sorbo, plegándose como un trapo mojado, víctima al parecer de una apoplejía. ¡Pobrecito! En realidad había tomado una excesiva dosis de gotas narcóticas.

La muerte del capitán no causó mayor comentario. Era excesivo el número de capitanes caídos por aquellos días en Puerto Arturo bajo los proyectiles de la marina japonesa. Además aquel jefe de policía era extremadamente impopular. La tabernera me ofreció la hospitalidad de la casa de su padre; una hospitalidad que aprovechaba ocasionalmente sin abandonar mi original alojamiento en la cabaña del joven Chang, en el frente ribereño. Con la casa de Martha en los barrios bajos, la casucha de Chang y la de Huang en el promontorio Cola de Tigre, Ling y yo teníamos lugar de sobra para escondernos en caso de emergencia.

El mismo día, después que el cuerpo del jefe de la policía fue removido del lugar, fuimos a visitar al coronel Voronoff en Meter Hill, 202. Mientras caminábamos hacia la colina, contábamos cuidadosamente los peldaños para asegurarnos de la distancia aproximada, entre los barcos de guerra rusos y aquella famosa fortificación cuyos cañones de gran calidad dominaban el muelle. Repetidas veces nos veíamos obligados a abandonar las estrechas calles por el encuentro con pesados convoyes provistos de municiones o llevando a galope tendido baterías de campaña. A mitad del camino una patrulla montada nos bloqueó, dejándonos pasar solo después de escudriñar la nota del coronel.

A la entrada de la ciudadela solicité del oficial de guardia anunciar al coronel Voronoff la llegada del suizo vendedor de relojes que había conocido en Pi-Tse-Wo. Fui inmediatamente pasado a su despacho. Encontré al coronel en la parte superior de la fortificación examinando la batería de unos nueve cañones recién montados.

Me prometió hacer todo lo posible en favor de los relojes robados. Se sorprendió cuando le expliqué las dificultades por las que había pasado, mientras trataba de encontrar el paradero del general Stoessel. Para protegerme contra futuras molestias me dio una carta personal de recomendación para Stoessel a quien podía encontrar en los fuertes de Pan Lung, cerca del viejo Muro Chino. Durante nuestra conversación aproveché de echar una mirada a vuelo de pájaro de Long Hill y Meter Hill 180, que estaba discretamente al oeste de nosotros. También de la línea principal de defensa que se extendía hacia el norte en un semicírculo, empezando en el fuerte de Shung-Shu al oeste y terminando en la extremidad oriental del antiguo muro chino.

Por la noche enriquecimos nuestros archivos con tres nuevos importantes mapas. Ling, medio adormilado con sus ojos de carnero moribundo, había hecho tantas notas mentales aquel mediodía como para llenar un tratado.

A la siguiente mañana asistimos a los funerales del jefe de la policía. Luego empezamos a recorrer el valle, siguiendo la vía del ferrocarril. Íbamos rumbo a la famosa fortaleza de Pan Lung, considerado el fuerte principal de la línea norte de defensa rusa. Pero no teníamos prisa en llegar allí. Si no encontrábamos al general Stoessel aquel día seguramente lo encontraríamos otro día. Lo que queríamos era olvidar por un momento la miserable caja de relojes suizos y a un soldado mercenario suizo llamado Stoessel.

En todas partes donde una avanzada o una patrulla montada trataba de interponerse en nuestro camino, sacábamos la carta del coronel Voronoff, precioso talismán, llave mágica que nos abría todas las puertas, especie de legendaria lámpara de Aladino. No hay por qué negar que perdimos nuestro rumbo una docena de veces. Cuando finalmente alcanzamos los fuertes de Pan Lung fuimos informados que al general Stoessel lo habían cambiado para otro lugar. Mala suerte.

Aquella noche gastamos como una docena de velas en nuestro trabajo. Nuestros archivos estaban totalmente colmados. No existía ya el mínimo espacio en los dientes movibles de Ling ni para un pequeñísimo mapa o informe. Había llegado para nosotros la hora de llevarlo a Corea tan pronto como nuestras piernas pudieran hacerlo.

Presumíamos que nuestra buena estrella no iba a durar siempre, especialmente por la misteriosa muerte del jefe de policía. Las autoridades militares hicieron desenterrar su cuerpo con el fin de examinar el contenido de su estómago.

De pronto tuve un presentimiento. Decidí pasar la noche en la casa del padre de Marta. A la siguiente mañana, mientras tomaba mi desayuno, ella llamó mi atención hacia una patrulla de policías que estaba investigando a los peatones en la calle principal. Algunos de ellos eran detenidos y arrastrados al próximo puesto policial. Mientras miraba el ominoso espectáculo con mi rostro pegado al cristal de la ventana, lleno de malos presagios —mi culpable conciencia me decía que iba a pagar el infierno en China— me retiré de la ventana con un grito reprimido. La causa de todo aquel aspaviento estaba vagando a lo largo de la calle. Esponjado como un pavo divisé a mi mala sombra: al secretario con gafas de Yuan Chikai. Probablemente oyó hablar de nuestras actividades y hacía causa común con la policía rusa para clarificar el horizonte.

Nuestro juego había terminado. Me escondí en el sótano y envié un mensaje a Ling para prevenirlo. Aquella misma noche Chuang me pasó clandestinamente a la casucha de Huang en el promontorio Cola de Tigre donde pasé algún tiempo escondido, hasta que el hielo se deshizo suficientemente como para que Huang me llevara a Chinampo donde el segundo regimiento del general Oku estaba preparándose para desembarcar en la península de Liao-tung.

Al siguiente día de haber llegado a la cabaña de Huang recibí una nota de Marta donde me contaba la trágica muerte de Ling y con ella la pérdida de nuestro valioso archivo portátil. Parece que Ling, sin saber lo que pasaba, salió aquella mañana de su cueva de ratas y caminó hasta la boca del león. Después que lo torturaron hasta producirle la muerte, el secretario de Yuan-Chi examinó su cuerpo y descubrió su importante contenido.

Cuando llegué a Chinampo encontré a Mister Evans esperándome. Un bote torpedo que nos había detenido en alta mar le informó mi rumbo. Estaba bastante contento por los resultados que yo había obtenido, pues de acuerdo con lo que me contó oficialmente, la mayor parte de las piezas fotostáticas de nuestros mapas originales e informes habían sido substraídos por uno de sus agentes del escritorio de Yuan Chikai en Pekín. Iban a ser utilizados en la próxima ofensiva de la segunda división del general Oku contra los rusos en la península de Liaotung.

Pocos días después, el 5 de mayo de 1904, si no estoy equivocado, de nuevo pisé tierra en Pi-Tse-Wo, ya no con un bulto de relojes a mi espalda, sino elegantemente uniformado y con brillantes botas de montar. Tomaría parte en la triunfante borrasca de Nau-Chang-Hill, que marcó la iniciación del sitio de Puerto Arturo. Lamentablemente a los pocos minutos de mi desembarco un bala rusa me rozó el estómago como una dentellada. Sin duda para prevenirme del peligro: no intentar nunca más el servicio de inteligencia militar. Siempre lo he tenido presente.

Nutrido de mis experiencias en la Península de Liaotung, llegué a Fusa, Corea, en ruta hacia el Japón. La herida que había recibido a mi desembarco en Pi-Tse-Wo había comenzado a infestarse. Necesitaba ser atendido muy cuidadosa y rápidamente si no quería permanecer semanas en una clínica. Infortunadamente el barco-hospital en el que pensaba partir venía con retraso. Al tercer día, mientras tomaba mi habitual paseo a lo largo de la ribera, alguien me palmoteo en el hombro y con voz familiar me saludó calurosamente: *¡Hola, todavía estás vivo!*

Era mi viejo compañero, el capitán Johnson, de la goleta Pensacola, con quien había pasado muchas agradables horas en Amoy, recién llegado a China. Johnson era un típico capitán de la marina inglesa, que había pescado en muchas aguas turbias, especialmente en aquellas del Lejano Oriente. Por inmiscuirse en las playas prohibidas de los dominios siberianos del Zar había logrado abrir una cuenta bancaria que montaba a miles de dólares.

Le manifesté mi aprieto y voluntariamente se prestó a llevarme a Yokohama en su barco, que proyectaba salir aquella misma noche. Cayó como llovido del cielo, pues Skipper Johnson era un gran compañero, siempre dispuesto a animar a los amigos con un brindis helado o con un chiste.

Veinticuatro horas después de nuestra partida el barómetro empezó a bajar, casi tan rápidamente, como para preocuparme. Una simple mirada hacia las nubes que surcaban el horizonte, bastaba para observar sus proporciones gigantescas. La luz del día se volvió medianoche. Las espesas y pesadas olas se tornaron de un tono gris. Una especie de ruido sordo en la distancia anunció que el dragón bermejo de nuevo espoleaba las profundidades de los mares amarillosos de la China.

Pronto estuvimos entre las garras del tifón que estremeció el Pacífico como un ejército de demonios. Skipper Johnson lo miraba indiferente, tal vez ya acostumbrado a todo aquello.

A la siguiente noche, después que la tempestad se había calmado y empezaban a divisarse los reflejos de numerosas luces en el horizonte noroeste donde se encontraba la ciudad de Vladivostok, Johnson empezó a reírse a carcajadas. Probablemente recordaba algunas de sus numerosas aventuras por aquellas sombrías y solitarias costas. Su risa pronto se esfumó. Sus pupilas acababan de divisar la luz roja de un buque mercante ruso que estaba tratando aparentemente de alcanzarnos. Evidentemente las aventuras comerciales del capitán Johnson no eran estrictamente legales, porque se hizo a toda vela, como empujando el viento para salvarse. Por la noche perdimos la estela del buque.

Si el huracán nos hubiera dominado seguramente nos hubiera devuelto al puerto, alarmando de paso a la guarnición de Vladivostok. Las aguas vecinas estarían permanentemente vigiladas.

Bloqueados como estábamos por el sur solo había un escape para nosotros: el estrecho de Kamchatka. Saliendo de la isla de Sajalín, donde los guardacostas estaban siguiéndonos los pasos, finalmente alcanzamos nuestra meta, el litoral este, donde nos escondimos en los numerosos refugios de la bahía para reparar nuestra nave y descansar. Nuestro retorno al Japón era menos seguro bajo aquellas circunstancias. Johnson y yo decidimos hacerlo por los Estados Unidos, costeando las Islas Aleutianas y el sur de Alaska.

Después de un día de descanso en Valdez, donde un médico veterinario me quemó las partes infestadas con ácido nítrico, llegamos a Shagway. Allí me separé de Johnson, sin sospechar que sería para siempre. Nunca más supe de él.

Necesitaba de unas vacaciones después de la azarosa existencia que había llevado en China. Decidí permanecer un tiempo en Alaska, dedicado a la gran cacería. Alaska era por aquellos días una especie de paraíso para los cazadores. El caribú permanecía dibujando sus mil y un tanto círculos en los bosques espesos. Antas de América, zorros negros caripelados, lobos, ovejas de montaña, patos salvajes, perdices blancas y sus similares abundaban por doquiera. Ríos y arroyuelos estaban colmados de salmones, truchas y tímalos.

Permanecí dos días en Whitehorse preparándome para la gran jornada. Desde allí marché a Dawson, justamente antes del estallido del deshielo que generalmente se efectúa en el mes de junio.

Cuando llegué a la opulenta ciudad de Dawson, donde el próspero Klondike era el punto central muchos años atrás, la encontré completamente muerta. La policía montada del noreste comandaba la plaza con mano de hierro. Había muchas cantinas, pero sin vagabundos ni borrachos. Dos días entre aquella hoguera, aserrando madera, era más que suficiente para curar al más consuetudinario beodo y volverlo un hombre correcto y observante de la ley. De sus once personajes famosos solo quedaban dos: Swiftwater Bill, a quien alguien me señaló mientras caminaba por las calles principales, envuelto en su manta grasosa de lana, luciendo un estropeado pumpá; y un conde francés, —mejor dicho, sin título alguno— que ganaba su vida como lavaplatos en un restaurant. Después de su trabajo acostumbraba exhibirse en la calle vestido de frac, guantes blancos, un bigotito encerado y un relumbrante y sedoso sombrero a la *Parisienne,* levantado orgullosamente de un lado. Lo llamaban *el rey de los barrios bajos.*

Casi inmediatamente a mi llegada, la noticia de un gran filón trascendió en Fairbanks. Los viejos exploradores caminaban con sus bolsos llenos de pepitas de oro. Cada quien estaba disponiéndose a asistir a la gran estampida del distrito de Tanana, en el territorio Americano.

Aunque nunca había sufrido, a Dios gracias, de fiebre de oro, decidí unirme a la estampida solo por simple curiosidad. Doc Stevens, un experimentado veterano, voluntariamente se prestó a ayudarme a llegar allí en un lanchón de fondo plano que construimos aceleradamente en dos días, con la ayuda de un serrucho, un martillo, varias docenas de navajas y algunas planchas de madera podrida que encontramos fuera de un aserradero abandonado, entre un montón de desperdicios. A las veinticuatro horas ya estaban listos para el embarque un par de frazadas, una estufa Yukón, dos sacos para dormir a la intemperie, varios utensilios de cocina, gran cantidad de provisiones y nuestra tienda de campaña. También compré dos rifles de cacería, hachas y cuchillos curvos. En las selvas de Alaska cada quien se alimenta de lo que caza.

Entre los varios amigos que hice en Dawson estaba un viejo judío, propietario de una panadería, llamado Iky Golstein. Había tomado parte en varias estampidas desde aquel agolpamiento de exploradores de oro en 1898, cuando un terreno aurífero fue descubierto cerca de Dawson. Él había sido uno del grupo que le había avisado a un *chechako,* o novato, la oportunidad de colocar una denuncia en la cima de una colina. Pronto se volvió famosa como *Colina Chechako,* pues el recién llegado, siguiendo al pie de la letra el irónico consejo desenterró allí oro puro y se hizo rico, lo que era de lamentar porque el pobre viejo Iky, quien originalmente había hecho aquella denuncia, tuvo que abandonarla sin concebir nunca cuánto oro podía ser encontrado allí.

Iky era una regular enciclopedia, montada sobre dos piernas. Un gran intrigante ante el mismo Dios. Me refirió que había comprado por una ínfima cantidad de dinero un viejo barco fluvial que había estado pudriéndose por dos años a la cabecera de un banco pantanoso. Lo había hecho reparar con el menor gasto posible, pues como agudamente conjeturaba, el provecho que esperaba sacar de su primer viaje —y probablemente único viaje a Fairbanks— sería más que suficiente para cubrir tres veces el precio que había pagado por aquel cascarón. En la primera curva del río había tomado más pasajeros de los que el derrelicto podía llevar, contándome también confidencialmente que había tomado un seguro de vida en caso de que los pasajeros se disgustaran y lo echaran al agua.

En resumen, Iky Golstein era un hombre astuto. Solo que se equivocó en sus cálculos cuando me invitó a unirme a su expedición sin cobrarme nada. Necesitaba por sobre todas las cosas a un joven diplomático como yo, a un hombre de carácter sociable que pudiera suavizar las protestas que seguramente iban a surgir entre los pasajeros.

Con pesar decliné su oferta. Como dije antes estaba esperando el deshielo para irme a la deriva por el Yukón en nuestra lancha. Además, me sentía asqueado, aburrido de la diplomacia, de la que había tenido mi hartazgo en China. No quería empezar de nuevo.

Tras algunos días, que me parecieron años, llegó el gran momento por el que había esperado tanto tiempo. Alrededor de las once de una noche de junio, no puedo recordar exactamente cuál, fuimos despertados por el ruido de un trueno distante. Doc Stevens y yo nos levantamos de la cama a toda prisa. Aquel ruido era como el de un terremoto. Música armoniosa para nuestros oídos, que crecía más y más. De pronto, como si hubiese estallado una bomba, la helada superficie del Yukón se rompió frente a nosotros en incontables fragmentos. La precipitada acometida de la corriente, arrastrando enormes bloques de hielo, nos pasó por delante con tal estrépito que hizo temblar la tierra a nuestros pies.

Un grito de júbilo recorrió el campo de un extremo al otro como una súplica, una salvaje acción de gracias dirigida por los expectantes exploradores a madre natura por haber desnudado, en la profunda sombra de los bosques silenciosos, en las tierras estériles perdidas del norte, el camino de sus más preciados sueños. La cuenca de la tierra donde iban a excavar el dorado, el brillante oro. ¡El oro!

Flotamos durante días enteros sobre el Yukón, entre bloques de hielo empujados por la corriente. Nos detuvimos por unos momentos en Fort Gibbon a fin de alistarnos para nuestro viaje polar de varios centenares de millas, río arriba, hacia Fairbanks. Allí cambiamos nuestra lancha por una canoa Peterboro. Era el más apropiado vehículo para embestir la rápida corriente del Tanana.

Solo aquéllos que hayan pasado por una experiencia similar saben lo que este viaje implica. Me di cuenta de ello cuando los exploradores veían indiferentes a los novatos o chechakos quienes nunca encontraban esta travesía completamente justificada.

Doc Stevens parecía estar acostumbrado a estos trajines, no obstante mi sentido de adaptación me sirvió de mucho. Había viajado en condiciones similares anteriormente —arriba del delta del río Atrato, al sur de Panamá en las garras de un furioso temporal—. No era sin embargo juego de niños impeler nuestra canoa Peterboro día a día sin descanso. O arrastrarla con una soga alrededor de las numerosas curvas del Tanana, con el agua helada hasta el cuello y los bloques de hielo echándonos de lado. Ocasionalmente veíamos enormes y blancuzcos esqueletos semejantes a elefantes, pudriéndose parcialmente sobre la capa de estiércol de la orilla del río.

Puedo aún recordar la sorprendida mirada de un majestuoso alce, hundido hasta las rodillas en las aguas fangosas de un cercano lodazal. Nos miraba como criticándonos, creo que compasivamente, al ver un par de tontos ir tan lejos y con tantas dificultades en busca del despreciable oro, enfrentándonos tan fieramente a la naturaleza a fin de organizar nuestra vida, cuando hubiera sido más fácil inclinar nuestro cuello hacia la tierra y pacer como él sobre la hierba.

Después de una semana de experiencias difíciles, necesitábamos un descanso. Preparamos nuestra tienda de campaña y haraganeamos.

Hacia el mediodía percibimos en la distancia una delgada columna de humo que progresivamente se fue convirtiendo en el casco de un oxidado barco. Iba bamboleando río arriba, yéndose prácticamente de lado y haciendo un sonido tan rechinante que nos hizo pensar que su maquinaria era tan vieja como Matusalén. Reconocí enseguida el trasatlántico *de lujo* de Iky Golstein. Iky, con su habitual franela remendada, estaba aparentemente dándole una conferencia a una abigarrada multitud de inspectores y novatos que caminaban el barco de proa a popa.

*¡Aló, veterano!* grité a Iky, quien al reconocerme inmediatamente detuvo la embarcación y saltó a tierra con un grito, seguido por una multitud de disgustados pasajeros. A juzgar por la amarga expresión de sus rostros, pedían la cabeza de Iky.

Me abrí paso entre la multitud, alcancé a Iky, quien se tiró a mis pies lamentándose como un fantasma: *¡Sálvame, vale. Si tú no lo haces, nadie lo podrá!*

Instantáneamente una protesta de rabia surgió del grupo de los furiosos pasajeros: *¡Ahorquemos a ese judío y liquidemos este asunto!*

El viejo inspector, que llevaba la palabra, me contó que Iky les había vendido a todos pasajes de primera clase, incluyendo comida, a $ 200 por persona, con garantía de buenos camarotes, que no existían en realidad en el barco. Por lo tanto, la mayoría de los pasajeros tenía que dormir sobre la agrietada cubierta, en pilones de madera o sobre el montón de equipajes, sosteniéndose con el poco alimento que algunos habían traído. Iky, invocando a Jehová y a todos los gatos de Egipto les aseguraba, bajo juramento, que todo había ocurrido por culpa de su agente en Dawson, quien había olvidado traer las necesarias frazadas y provisiones a bordo. Entre los pasajeros iban también varias docenas de coléricas bellezas. Muchachas cabareteras en pos del oro, que no tenían necesidad de excavarlo.

Cuando escuché los reclamos de los pasajeros, le manifesté a Iky que no podría salvarlo a menos que me concediera libertad en su barco. Finalmente consintió. Tras registrar cada rincón de éste, extraje de las entrañas de los oxidados trozos de hierro viejo, que Iky orgullosamente bautizó como *Diógenes,* suficiente licor y pasapalos como para organizar una fiesta y hacer que cada quien se sintiera contento. Luego montamos nuestra canoa a bordo y empujamos a *Diógenes* hacia Fairbanks, mientras Iky, con lágrimas en los ojos, introducía su asquerosa mano como una garra grasienta en el bolsillo de su pantalón. Tembloroso de agradecimiento, extraía un inmundo billete de *cinco dólares,* el cual besándolo varias veces y casi renuente, trató en vano de que lo aceptara por haberle salvado la vida.

La ciudad de Fairbanks consistía, para el tiempo que llegué allí, en diez casas y ciento dos cabañas de madera. Muchas de ellas, a lo largo de la calle principal, estaban ocupadas por cabarets, cuchitriles de juego y de baile. Todos nacían prósperos negocios. La moneda de cambio consistía en polvo de oro pesado sobre el mostrador en pequeñas balanzas de cobre. Una naranja costaba tres dólares, un saco de harina de ochenta a cien. Antes de terminarse el año el distrito de Tanana había producido un millón de dólares en pepitas y polvo de oro. Fairbanks se había vuelto la meca del hampa del oeste que allí ejercitaba su ingenio en busca de horizontes.

Cuando llegué a Fairbanks la ciudad estaba en plan de organización. Los registros mineros de Tanana eran azotados por miles de denuncios locales. La mayoría apuntados con grafito sobre papel de envolver y en muchos casos en pedazos de camisas. Estos tenían que ser descifrados, coordinados y seleccionados separadamente, antes que uno se resolviera a pasarlos a un libro mayor. Había confusión sobre docenas de denuncios hechos. Bastaba que un minero divisara un oso o un ante cerca de un riachuelo para que inmediatamente lo bautizara Arroyo del oso, Arroyo del ante, sin poder precisarse nunca en qué sitio había sido señalado tal denuncio. Archivar en orden tales registros mineros representaba una tarea hercúlea, un acertijo chino como para echarse atrás acobardando al más eficiente funcionario. No era pues extraño que Fairbanks se volviera por los momentos la tierra feliz, la casa de los profesionales oportunistas de denuncios, picapleitos y otros parásitos.

El respetable ciudadano que había sido designado por voto unánime para dirigir el registro del distrito era un caballero miope, de aspecto maduro, a quien llamaban Mister Short. Decía el vulgo que en sus años mozos había alternado su profesión entre vaquero y jugador de naipes. Había aceptado el trabajo —recalcaba— solo por el *bien de la ciudad* e insistía que *Chico*

*Méndez* como me llamaba a mí, con fama de escribir y leer correctamente, debía ser nombrado su secretario-asistente.

Para aquel tiempo, debo decir la verdad, no sabía yo la diferencia que había entre el denuncio de una mina y un piano. Acepté el trabajo solo para darle gusto al viejo, que era un hombre simpático. Había tenido que ver con congoleses, chinos y árabes. Sentía curiosidad de saber lo que iba a hacer con aquel montón de papeles. De esta manera me volví, por pura curiosidad, uno de los progenitores y patriarcas de la ciudad de Fairbanks, en Alaska.

La judicatura estaba representada en nuestra metrópoli antes de la llegada del juez Bakerman, de fama entre los *saqueadores,* por el juez Froth, justicia y paz. El juez Froth era el administrador de un cabaret y no obstante ser muy amable y todo lo que se quiera, se daba excesivas ínfulas. Me recordaba cierto humilde misionero que conocí en Turquía a principios de la Guerra mundial. Cuando encontré de nuevo este personaje en la Embajada Americana, después del armisticio, casi no lo reconocí de infatuado que estaba dentro de su uniforme de capitán americano, ostentando un aire de *Yo y Napoleón.* Llevaba de Agregado a un infeliz gusano, un teniente que se arrastraba y se arrodillaba ante él.

El primer caso que se presentó ante el juez Froth fue el de un lavaplatos que había asesinado a su compañero para robarle un reloj de oro. La cabaña que servía como sala de la Corte estaba atestada de espectadores. Yo, como alto funcionario oficial, secretario-asistente del Registro, naturalmente estaba presente.

Mientras desde un sillón de mimbre oía las conjuraciones de los últimos alegatos emocionados de la defensa a nombre de su cliente —quien probablemente le había prometido el reloj si ganaba el caso— el juez Froth se levantó, ensortijó su bigote nerviosamente y extendiendo su brazo con un gesto melodramático, exclamó con voz cursi:

*¡Señores del Jurado, orgullo de la nación, es a ustedes a quienes toca decidir!*

El orgullo de la nación y la bostezadora audiencia estalló en escandalosas carcajadas. Prorrumpió en rechiflas que hicieron enrojecer hasta las orejas al juez Froth que no tuvo más camino que regresar a su cabaret con cierta arrogancia que lo hacía aparecer digno.

Otro interesante ciudadano de nuestra comunidad era el Archidiácono Stuck, siempre soñando con el ascenso al Monte McKinley. El ideal de su vida eventualmente se volvió realidad. Algunos años después fue el primero en alcanzar la cima de la famosa montaña. Había construido detrás de su capilla —que le servía al mismo tiempo de santuario, alcoba de dormir y cocina— una cabaña en la que acostumbraba encerrar con llave todas las tardes, después de las seis, media docena de gallinas, un tesoro más grande para él que todas las pepitas de oro de Alaska. Durante el mes de julio, si no estoy equivocado, cuando el Sol se pone difícilmente al sur de Fairbanks por estar sobre el círculo septentrional, el Archidiácono se lamentaba de que si no encerraba sus gallinas después de las seis p. m. se trasnocharían y morirían de insomnio.

Tres millas al oeste de Fairbanks, a la orilla derecha del río Tanana, pues Fairbanks está situado en una isla, sobre la playa derecha de un pantano que se une con el brazo principal cerca de Chinoa, aposté un grupo de denuncias. Allí el juego y la pesca eran de primera. Difícilmente iba alguien a cazar, teniendo en cuenta la distancia de tres millas de charcas que separaban mi lugar de retiro de la ciudad. Era también inalcanzable por agua a causa de los grandes torrentes que hacían casi imposible la navegación en el río Tanana, sobre Chinoa.

Durante los varios meses que pasé en Fairbanks, tratando de sacar en forma completa los informes mineros, acostumbraba pasar mis horas de ocio cazando y pescando en este pequeño reino de minas, donde había construido una cabaña e improvisado un escondrijo de víveres.

Una mañana, mientras me arrastraba sobre la maleza, acechando un alce, me topé con cierta misteriosa clase de ciudadano. Era un oso cachorro, caripelada, que abarcándome con la mirada me enseñó sus pequeños colmillos mientras caminaba resueltamente en mi dirección, con los ojos inyectados como un pequeño hombrecito. Recordando que los osos no se atreven a atacar a un hombre donde lo encuentran, traté de librarme del cachorro tirándole un palo. Finalmente, viendo que el jovencito quería pelea, le tiré primero a la cabeza fallando. Como pareció impresionarle le mandé cinco tiros más. Esas criaturas regularmente son difíciles para morir.

Mientras estaba examinando la piel acribillada del pobre animalito, un terrible gruñido solo me dio tiempo a una rápida mirada a mi alrededor y a elucubrar una salida. La adolorida y desgarrada madre del osito estaba cerca de mí como pidiéndome cuenta.

Calculando que había gastado cinco tiros para matar al cachorro y que necesitaría por lo menos veintitrés para darle a su gimiente *má* el golpe decisivo, decidí juiciosamente poner los pies en polvorosa. Puse alas a mis piernas y no me detuve hasta que llegué a Fairbanks después de tres millas de una arremetida descomunal. Casi me asfixio.

Poco tiempo después tuve una experiencia similar con una lechuza blanca del Ártico que aparentemente me consideró un intruso en su vida privada. Me acercaba a la cima de un alto pino, para espiar a una bandada de patos salvajes que estaba a la orilla del río. De pronto, una especie de zumbido me hizo mirar hacia arriba. Sobre mi cabeza, a distancia de menos de una yarda, una gigante lechuza me miraba fijamente con sus grandes ojos verdes, de dos pulgadas cada uno. Sus alas estaban ligeramente abiertas. Sus ariscas garras, del tamaño de la mano de un hombre, se abrían y cerraban, directamente frente a mí. No recuerdo exactamente cómo bajé de aquel árbol, pero ciertamente lo hice deprisa. Tan pronto como mis nervios se aquietaron como para levantar mi rifle, cayó la lechuza con un ala quebrada. Luego de atarla bien la llevé a la ciudad todavía viva. Ya cerca de las afueras alguien me gritó: *Eh, patrón, ¿dónde encontró esa gallina?*

Reconocí la voz de Sam, un negrito de Tennessee a quien muchos ciudadanos de su pueblo le habían anticipado dinero con la esperanza de ver grandes retornos multiplicados. Infortunadamente Sam, después de llegar a Fairbanks, había perdido su colección de dados. No atreviéndose a regresar a Tennessee, se había comprometido en el provechoso negocio de lustrador de zapatos. Agarré la lechuza y la pesé cuidadosamente. Sam me sugirió vendérsela por la mitad de su precio justo, porque —decía— tenía una gran idea. En realidad fue excelente. Aquella misma noche Sam puso en mi mano cinco dólares, equivalente a la mitad del precio que pagó un coleccionista de Seattle que la necesitaba para un museo.

En las navidades de 1904, seis meses después de mi llegada, Fairbanks era casi una ciudad. Durante el verano un hormigueo de especuladores y parásitos comerciales llegaba en tropel al distrito de Tanana en busca de negocios fáciles. El estado económico de la población estaba experimentando un progreso similar al de Florida en años anteriores. Hasta caballos se importaban en cantidades, lo cual era un crimen. Después que pasaba el primer entusiasmo, al agotarse el forraje importado por falta de transporte y dinero efectivo, a la mayor parte de estos animales los soltaban en los bosques donde finalmente perecían de hambre, frío y sed. En Alaska, con excepción de algunas pocas fuentes termales, cada río, riachuelo o arroyo se congelan durante los largos meses de invierno.

Debo también señalar como una curiosidad, que no obstante su zona cálida costeña, la península de Alaska es y será siempre un desierto helado.

Hubo una época en que las capas de nieve eterna que cubrían la parte interior de Alaska, como es hoy Groenlandia, se desprendieron debido al cambio de temperatura causado por el desvío de la cálida corriente japonesa hacia el norte. Fueron deslizándose lentamente como un glaciar gigantesco hacia el norte de los océanos Pacífico y Ártico. Desaparecían así las cimas y cadenas de montañas de la Alaska Central hasta convertirse en una serie de conos ondeados, de diversos tamaños que hoy llaman cuchillas. Estas originalmente aparecían ligeramente cubiertas de una capa de polvo metálico, pues los depósitos y vetas de los distintos minerales que se encontraban en dichas montañas fueron pulverizados durante el terrible proceso de trituración causado por el desprendimiento de las gigantescas masas de nieve en dirección oeste-noroeste.

Cuando las corrientes de agua superficiales arrastraron parcialmente aquella capa de polvo metalífero hacia el océano Ártico y el estrecho de Bering (por el sur la cadena de montañas de Alaska lo bloqueaba) el único metal que quedó fue el oro, el polvo de oro de los arrecifes, que debido a su peso excesivo se hundió en las profundidades quedando aprisionado en las ranuras de las rocas de ríos y riachuelos. Estos fueron gradualmente cubiertos del sedimento o capa vegetal que siguió produciendo la desintegración de los bosques, depositándose por siglos en las orillas del río Yukón y sus afluentes.

El modo como los exploradores buscan hoy el lecho de roca o terreno aurífero en las hendiduras de los ríos prehistóricos, arroyos y arroyuelos de la selva de Alaska, viene a confirmar mi teoría. Consiste ésa en deshelar por medio de calderas y hogueras, angostos pozos de minas, a veces a una profundidad de más de cien pies fuera de la capa de tierra vegetal, que permanece congelada durante todo el año. Solo una capa superficial de este sedimento, de yarda y media, se deshiela durante los tres o cuatro meses de verano.

Debido a esta extraordinaria circunstancia los árboles de la parte central de Alaska no extienden sus raíces en dirección vertical, sino horizontalmente. Sus enormes selvas vírgenes conviértense cada año en pantanos durante los meses de junio, julio y principios de agosto, formando bosques cenagosos difícilmente penetrables que hacen imposible el desarrollo de la agricultura en una escala razonable. Es por ello que Alaska Central es y será siempre una selva helada. Su escasa población dependerá siempre de la madera, los metales y la cacería como sus únicos medios de subsistencia.

En la Navidad de 1904 Fairbanks se dio el lujo de formar entre otros centros sociales el Elk's Lodge, donde se realizaban las fiestas de más categoría. El *bello Brummely* líder de la ciudad era un abogado que después que pasó la época de prosperidad cumplió una condena en una penitenciaría de tono en la costa Pacífica, haciéndose muy popular. Lo encontré después en Nevada donde había adoptado una nueva vida. Se había convertido en un ciudadano *respetable* y prominente abogado. Estas son las cosas del oeste.

Acostumbrado a la vida social me gustaba asistir a reuniones de fama, con mi tuxedo de segunda mano que le había comprado a un cómico de vaudeville ambulante, y con un par de zapatos viejos de patente, que me había obsequiado en mi cumpleaños el Archidiácono Stuck. Aunque parezca dudoso el Archidiácono y yo éramos buenos amigos.

Una noche, poco antes de la Navidad estando en un baile en el Elk's Lodge, oí una conversación que en voz baja sostenían Crummy Pete (sucio Pete) e Irish Stew Joe (guiso irlandés Joe), un par de estampidores de oro notables, que admiraban por una ventana abierta nuestro espléndido sarao.

Hablaban de que iban a encontrarse al alba, cerca de cierta choza situada en un lodazal, algunas millas abajo, e iniciarían algunas excavaciones al pie del monte McKinley, donde se decía que varios veteranos habían hecho un hallazgo productivo. Esto me pareció maravilloso. Enseguida me fui a casa, cambié mi traje de etiqueta por mi *parka,* mi abrigo de piel, con capucha y un par de suaves mocasines de viaje. Dos horas después me reuní con Pete, Joe y otros dos exploradores, quienes luego de deliberar por un tiempo sobre quién debía ser designado jefe, finalmente convinieron en nombrarme capitán de la expedición, misión que yo tomé muy en serio y procuré desempeñar lo mejor posible.

Cruzamos y recruzamos durante varios días el desierto helado, sin encontrar indicios de las tan esperadas excavaciones. Por fin llegamos al pie del monte McKinley, donde rescatamos a dos exploradores a quienes los lobos habían tenido encerrados en su cabaña por más de una semana. Luego nos confesaron que ellos habían sido quienes habían hecho circular ese informe falso. Así esperaban llamar la atención de los obreros mineros de Fairbanks con el fin de provocar la bonanza de sus nuevos lavaderos de oro.

Yo era libre para hacer lo que se me antojara y no teniendo nada que hacer por el momento, proseguimos la marcha hasta un sitio desde donde podíamos ver el valle de Kuskokwin, el cual solo muy pocos exploradores habían visitado.

Hacia mediados de enero de 1905, después de nuestra búsqueda sin provecho hasta el pie de McKinley, salí de Fairbanks en una brumosa mañana con el termómetro registrando una temperatura de 50 grados bajo cero. Percibí en el aire helado un olor a humo, mientras jugadores soñolientos y ratas de salón caminaban rítmicamente por las calzadas de madera, rumbo a sus hogares. Mi trineo iba conducido por siete perros esquimales de Malamuth que tiraban de las riendas y obedecían las órdenes que yo les gritaba. En Dome Creek, Mac Dougal preparaba su equipo para unirse a nosotros. Íbamos a cazar caribúes y ovejas salvajes en las Montañas Blancas. Mac Dougal, o Mac, era de un carácter indefinido cuya carrera había sido muy vaga y accidentada. Me pareció un caballero ya cansado de caminar *con pies de muerto* que había resuelto andar por su propia cuenta. Era extremadamente taciturno. Pasaba días enteros sin pronunciar una palabra, lo que se prestaba a toda clase de rumores. Varias personas aseguraban que se había distinguido como oficial de la policía montada del noroeste. También se rumoraba que era *el caballero del* parka *azul,* un bandido que el astuto presidente de un banco local de Fairbanks utilizaba para asustar a los exploradores mineros en los riachuelos, obligándolos a enviar sus hallazgos a la ciudad, custodiados por los mensajeros armados del banco. Estos naturalmente al llegar a Fairbanks entregaban las remesas de oro que les habían sido encomendadas a dicho banco, donde quedaban como valores en depósito, devengando intereses o pagando honorarios por custodiarlos hasta nuevo aviso.

Ya fuese o no un bandido, Mac Dougal era hombre leal y mi mejor amigo durante el año y medio que pasé en Alaska. Nos habíamos encontrado accidentalmente en el camino. Desde ese momento se quedó a mi lado contra viento y marea, convirtiéndose prácticamente en mi sombra. Jamás le pregunté cómo eran sus medios de subsistencia ni me importaba saberlo. De lo único que estaba seguro era de que cada vez que necesitaba a Mac estaba presente, incondicionalmente y sin hacer preguntas. Lo único que nos importaba para ser felices eran nuestros winchesters, cuchillos de cacería, sacos para dormir, picadura de tabaco, un poco de sal, nuestro equipo de perros y canoas de abedul, en las cuales cruzábamos las corrientes impetuosas de muchos desconocidos ríos, simplemente por aventura, o por el gusto de jugar sin dinero. Era un pasatiempo, un deporte verdaderamente viril. Nos alimentábamos durante esas expediciones con la caza que hacíamos y pasábamos las noches como dos vagabundos del Ártico, estirados cerca de la hoguera campestre, mascando nuestro tabaco o soñando con los ojos abiertos bajo la luz de Luna de la sierra septentrional. Las aguas de un gran río pasaban cerca de nosotros, como un torrente de plata fundida y el aullido triste de los perros lobos de los trineos de caza nos llegaban desde el durmiente bosque.

Durante esas noches silenciosas me daba a recordar expediciones, haciendo reminiscencias de alguna cacería excitante, como aquélla en la cual cacé mi primer alce americano. Corrí detrás de él con mis botas de nieve, haciendo caso omiso de los gritos de advertencia de Mac. Seguí sus huellas sangrantes hasta que la pobre bestia aterrorizada se levantó repentinamente delante de mí, tan alta como una iglesia, con ojos brillantes como azufre. Mi temor fue tan grande que antes de liquidarlo definitivamente intenté trepar a un árbol con mis botas puestas. Siempre me río de los cazadores novatos que se jactan de no conocer el miedo. Si hubiera obtenido un dólar por cada vez que me he asustado —hasta tocar los lindes del terror— estaría millonario. Ese temor no quiere decir nunca que yo sea cobarde. El verdadero valor consiste en poder sobreponerse al primer choque nervioso y actuar enseguida con inteligencia.

Aquella mañana de enero, después de un suculento desayuno, salí con Mac Dougal en dirección al este, siguiendo el curso congelado del Chatanika. Máquinas chirriadoras y montículos oscurecidos de terreno aurífero pagado brillaban a través de la neblina en ambos lados del camino. La débil luz de una lámpara velada se divisaba a través de la cortina de papel de la cabaña de un explorador.

Atravesamos rápidamente la superficie helada del río Tolovena. A lo lejos la fría tierra despoblada se extendía ante nuestros ojos como una inmensa sábana arrugada, atravesada aquí y allá por cuchillas y riscos cubiertos de nieve. Frescas huellas de lobos y alces americanos cruzaban los resplandecientes pantanos cubiertos de arbustos oscuros y sauces rojizos. Era un hermoso día de invierno, esos días con los que sueña el cazador. En el distante horizonte azul brillaban las montañas blancas, cual joyas puras.

Al mediodía tomamos un refrigerio. Fresas calientes de Alaska, frijoles rosados, tocino frito, hojuelas, café. Fumamos pipa y proseguimos hacia la misteriosa vertiente de la montaña por la cual suponíamos que pasado el *sendero del difunto* llegaríamos a la cabaña del viejo Mac Carthy.

Cambió el tiempo. Copos de nieve nos rozaban ligeramente al principio y después de manera tempestuosa. Nubes grises aparecían suspendidas sobre los riscos enselvados, totalmente nevados. Mac Dougal y yo caminábamos ciegamente tras nuestros equipos en medio de una recia ventisca. El frío atravesaba nuestros parkas y nuestras botas de cuero congelándonos la piel. Con los ojos semicerrados y dando, traspiés sobre algunos desprendimientos de hielo, continuamos la marcha con cuidado sumo para evitar que los trineos se desbarrancaran. Los perros guías, con sus narices pegadas al suelo arrastraban los equipos tirando valerosamente de las riendas, aullando, forcejeando, luchando, tratando de localizar en la ciega tormenta el rumbo del misterioso sendero.

A la medianoche atravesamos la vertiente de la montaña. La ventisca había soplado como una tempestad tropical. Hacia el norte el cielo estaba cubierto de estrellas indistintas, veladas por la púrpura de la aurora boreal. A lo lejos se oían los aullidos de los lobos. De una selva cercana se abrió paso bruscamente un alce a través de la maleza.

Descendimos hacia los helados valles estériles hasta que escuchamos a la distancia un ladrido de perros que nos condujo a la choza del viejo Mac Carthy.

Después de la cena le relaté al viejo explorador cómo habíamos hecho frente a la tempestad y encontrado el sendero. Cuando terminé movió repetidas veces la cabeza y sacando la pipa de mazorca de maíz de su boca desdentada observó con una sonrisa sombría:

*Y la nieve continúa cayendo sobre el mismo viejo sendero. Hace cincuenta años, cuando yo era un joven estudiante graduado, lleno de vida, contraje como usted la fiebre del oro y también crucé la vertiente prohibida de la montaña. ¡Míreme cómo me encuentro ahora! Y la nieve continúa cayendo sobre el mismo viejo sendero...*

Al oír aquello yo no sabía hacia dónde iba, pero ciertamente iba de regreso a la civilización.

Era más fácil decirlo que ponerlo en práctica. Un viaje al exterior requería una cantidad de dinero apreciable. Como yo estaba enteramente arruinado, sin recursos, me despedí de Mac Dougal y dirigí mis pasos hacia el Yukón superior, donde sabía que Doc trabajaba en unas denuncias abandonadas de lavaderos de oro.

He aquí pues que algunas semanas más tarde mientras se elevaba una ligera columna de humo azulino del techo de paja de nuestra pequeña cabaña cubierta de nieve en el distrito de las Cuarenta Millas, y mientras me acercaba a ella en el crepúsculo, la aurora boreal titilaba con su espectral resplandor lanzando misteriosos destellos sobre las colinas blancas circundantes.

Yo había traído conmigo alimentos de Dawson. Frijoles, tocino, harina y café. Luego de alimentar a los perros y haber compartido con el viejo Doc una cena frugal, nos sentamos cómodamente frente a nuestra estufa caliente para discutir los planes de la jornada siguiente.

Decidimos levantar campamento y dirigir nuestros pasos hacia la desembocadura del río Mackenzie. Hacia las cabeceras del Porcupine, según

Doc Stevens, se encontraba un tesoro enterrado a orillas de un río helado, de acuerdo con el mapa que llevaba oculto en una bolsa de cuero sobre el pecho.

Entretanto la brisa nocturna se había convertido en un viento fuerte que danzaba alrededor de la choza arremolinando la nieve en sólidos montones a lo largo de la parte baja de las paredes. Penetraba por las rendijas un aire cortante que tatuaba de extrañas figuras la luz titilante de la lámpara de kerosene, haciéndola bailar misteriosamente en el interior de la choza y en el rostro arrugado de Doc Stevens. Podía observarlo masticando impasible su pipa, mientras un halo de aburrimiento parecía envolverlo. Pero había tal determinación en sus viejos y cansados ojos que me hacían pensar en su eterna juventud hasta la muerte, o por lo menos, hasta que encontrara oro. Era un auténtico explorador, el típico ciudadano de Alaska.

Habíamos recorrido juntos las selvas respetando el código del norte. Habíamos compartido nuestro pan, ayudándonos mutuamente. Habíamos sido consecuentes el uno al otro sin hacernos preguntas. No me interesaba saber quién era él, ni de dónde venía. Solo intuía que era un caballero. Mi fiel y viejo compañero.

Permanecimos el uno frente al otro sin pronunciar palabra, hasta la medianoche, mirando en el vacío. Me metí en mi saco de dormir, dispuesto a realizar el sueño del viejo, aunque no estaba seguro de si era un sueño o una viva y persistente alucinación de su cerebro debida a los años de soledad y desencanto en los desiertos septentrionales.

A la mañana siguiente Doc Stevens y yo levantamos nuestra tienda. Dimos de comer a nuestros perros, inspeccionamos sus arneses y las provisiones colocadas en el trineo de Doc. El resto del equipo —sacos de dormir, armas, municiones, carpa y estufa Yukón— en mi trineo. El tiempo era inestable. Nada nos importaba. Íbamos tras un millón de dólares. Una ventisca más era lo de menos.

Seguimos nuestro camino por la orilla arbolada del río Yukón. Bordeábamos los troncos rugosos, a través de un suelo blanquinegro, como un aguafuerte. A fin de evitar encuentros con la madera flotante decidimos deslizarnos por la tersa superficie helada del río.

Aquí el terreno era más apropiado para nuestros trineos que para nuestros pies. Continuamos resbalando y deslizándonos sobre el hielo, también balanceando nuestro cuerpo huyéndole al bostezo, o saltando sobre el bloque quebradizo ya cercano a unas fuentes termales. El paisaje desplegado ante nuestros ojos era como una cinta cinematográfica monótona donde las escenas se sucedían rutinariamente una tras otra.

Hacia mediodía divisamos numerosas estepas cubiertas de nieve. Era una hermosa oportunidad para progresar en nuestro viaje. Conejos, alces, huellas de caribúes cruzaban la campiña en toda dirección, entretejiéndose entre ellos la azarosa estela de los cazadores. Forrados en nuestras frazadas escuchamos aquella noche el lúgubre aullido de una manada de lobos. Nos sorprendió; porque los lobos generalmente se asustan ante la terrible bestia humana, especialmente en Alaska donde la caza es abundante.

El segundo día atravesamos el campo por el ángulo noroeste del Yukón. Sobre pantanos relucientes de nieve los arbustos oscuros y montecillos de hierba entorpecían la marcha de nuestros esforzados perros esquimales. Los perros, con sus lomos cubiertos de escarcha, tiraban del trineo heroicamente, transpirando vapor por sus pieles heladas, con las lenguas afuera como pedazos de trapo rojo.

Una vez más me hundí en el hielo hasta las rodillas. Doc Stevens tuvo que encender una buena hoguera para deshelarme. Mis botas y mis tres pares de medias de lana se habían congelado en los pocos minutos en que Doc se tardó en hacer fuego. La temperatura había bajado a 60 grados bajo cero y el indicador rojo continuaba su descenso. El rudo e implacable invierno había llegado a las selvas septentrionales. No se oía sonido alguno en el vasto silencio. Apenas el susurro de la nieve que ahora cubría de una túnica blanca las pantanosas tundras y los peñascos montañosos que se alzaban silenciosos y rígidos en aquella horripilante soledad. Habíamos elegido esta difícil ruta en vez de seguir por el río congelado porque deseábamos llegar al Porcupine. A unas cincuenta millas al norte de la confluencia con el río Yukón, cortando a través de una larga línea de un triángulo geográfico prácticamente inexplorado. Doc Stevens era quizás el primer hombre blanco que lo había cruzado.

Parecía abundar mucho la caza en la región. Algunos exploradores esperaban realizar solo el sueño de encontrar cuarzo aurífero de alta calidad. En aquella lejana oportunidad Doc Stevens, según me informó, se vio obligado a abandonar la búsqueda, por falta de alimento, o por los zancudos que brotan a millones en el deshielo del verano debido al gran número de pozos de aguas estancadas en toda la región. Por ese motivo enloqueció su compañero quien se ahogó al saltar repentinamente de la balsa, sin dar tiempo a que Doc pudiera pestañear.

El zancudo ártico es un insecto feroz. Es sabido que ha matado a osos, picándoles en los párpados. Estos al rascarse los ojos con las garras quedan ciegos. Después vagan sin rumbo por los contornos hasta que finalmente caen en los precipicios reventándose los sesos contra una roca o un árbol.

La leyenda de una choza parecía existir en aquella profunda selva, especie de guía que Doc había visitado anteriormente durante su desastrosa aventura en el país. Nadie sabía quién la había construido. Nadie, a excepción de Doc la había visitado. Era como otra fantasía histórica del Yukón más que una realidad.

Ahora nos dirigíamos hacia esa choza. Doc recordaba que estaba situada como a mitad de camino entre el distrito de las Cuarenta Millas y el bajo Porcupine, en el centro de las selvas sombrías, infestadas de lobos, donde hasta los matorrales se mostraban cautelosos. Aseguraban ellos que por toda la región vagaban malos espíritus. Los blancos, creyendo allí encontrar oro algún día, no se preocupaban en destruir la leyenda.

A medida que nos internábamos en el país el tiempo empeoraba. El mercurio se aproximaba rápidamente al punto peligroso: 80 bajo cero. Los exploradores por lo regular cuando esto sucede suspenden la marcha y se atrincheran, por miedo a que se les congelen los pulmones.

Una persona puede tener los pulmones congelados y no darse cuenta hasta que llega la primavera. Cuando los tejidos se destrozan a las pocas semanas se produce la muerte. Doc y yo poseíamos una fuerte contextura y soportábamos aquella prueba rigurosa bastante bien, pero nuestros perros estaban sumamente debilitados. La piel entre sus dedos estaba desgarrada y sangrante. Al deslizarse por entre las heladas hojas de la hierba de los negros arbustos, las orillas cortantes de las tupidas capas de nieve les rompían constantemente las patas.

Mientras atravesábamos uno de los muchos pantanos de la región, el trineo de Doc se hundió en el hielo desapareciendo con perros, alimentos y todo. Nuestros esfuerzos para salvar a los animales resultaron infructuosos. Cinco minutos después de haber desaparecido el trineo en las oscuras aguas del pantano se cubrió de nuevo la superficie con una capa de hielo de una pulgada de espesor.

Aquella noche no pudimos conciliar el sueño. Poco después de lo que se llama puesta de Sol en aquellas latitudes oímos el aullido de un lobo que rondaba nuestro campamento. Mientras éste se hacía más fuerte, círculos de ojos fosforescentes brillaban como esmeraldas en la oscuridad que nos cercaba.

Encendimos una gran hoguera para mantenerlos a cierta distancia. Toda la noche estuvieron vagando por nuestro campamento, teniendo de vez en cuando que hacerles disparos. Parecían querer devorar a nuestros perros. Estos se agrupaban a la entrada de nuestra pequeña carpa conscientes de su proximidad. Cerca del amanecer el aire se llenó con el terrible aullido de uno de los lobos que fue destrozado y devorado por el resto de la manada. La bestia había enloquecido, corría de un sitio a otro y fue liquidada a la manera *lobera*. Mientras Doc y yo dormitábamos, otra de las bestias atacadas de mal de rabia le arrancó una oreja a uno de nuestros perros esquimales, el conductor del equipo.

Nos vimos obligados a matar al pobre animal antes de que fuese atacado de mal de rabia y mordiese a los otros perros, los cuales parecían intuir el peligro pues aullaban alrededor del guía, cohibiéndose cuando éste se les acercaba.

La mañana me encontró contando seis tajadas de tocino, que saqué de mi bolsillo como si fuesen pepitas de oro. Junto con una caja de galletas era todo el alimento que nos quedaba después que el trineo de Doc se hundió en el hielo con las provisiones. Tuve que animar al viejo. *Bueno, Doc, después de esto tendremos bistec de perro para el desayuno y bistec de perro para la cena.* El viejo Doc masculló entre dientes: *Sí, si no nos comemos los perros, nos van a comer a nosotros.* Los perros empezaron a menear sus colas, costumbre amistosa de pedir alimento. Como no teníamos nada que darles, su actitud cariñosa decrecía a medida que aumentaba el hambre. Aullaban, con los ojos inyectados de sangre. La situación no mejoró cuando les colocamos los arneses y les obligamos a tomar el trineo, actuando yo como guía.

Nuestras hambrientas miradas no divisaban conejo alguno entre la maleza. Cada vez que Doc Stevens se quedaba un poco rezagado, explorando cacería por los alrededores, se aproximaban demasiado los lobos.

A medida que avanzaba el día alimentábamos a los perros con la parte superior de nuestros zapatos de repuesto, con pedazos de arneses y hasta con trapos empapados en grasa de tocino, que se disputaban como lobos. Resurgía el ancestro Malamuth de estos perros del norte.

Cuando llegó la noche nos vimos obligados a sacrificar a uno de los seis perros que nos quedaban a fin de poder alimentar a los restantes.

La manada de lobos seguía constantemente nuestros pasos, describiendo un semicírculo que a veces amenazaba volverse círculo completo. Nos enfermaban sus aullidos. Sus ojos fosforescentes, fijos en nosotros en la oscuridad.

Un día, poco después del ocaso, cuando ya había encendido la primera hoguera, saltó de la maleza una enorme loba. De cola corta y cicatriz en el lomo, se abalanzó sobre mí. Con la velocidad del relámpago quiso asirse a mi cuello. Falló por una pulgada.

Cuando se dio vuelta para saltar nuevamente, Doc Stevens le levantó los sesos con la culata de su fusil. Animados por el ejemplo de la loba, la manada se acercó mucho más. Solo los manteníamos alejados con un bombardeo de trozos de madera ardiendo y con disparos de fusil.

Esta desesperada lucha continuó por toda la noche. Por la mañana tanto Doc como yo estábamos agobiados por el esfuerzo, ya resignados al fracaso. Doc ardía en fiebre.

Aquella tarde, después de cinco días de terribles luchas y privaciones, llegamos a una choza abandonada, probablemente la choza legendaria. Acampamos a la orilla de un pantano que el viejo aseguraba era el Vinamouk. Allí nos atrincheramos con el único perro que nos quedaba del equipo. Los lobos cercaban nuestra choza, impidiéndonos salir a cazar.

Envolví a Doc en una frazada y le obligué a permanecer tranquilo, mientras yo le hacía frente a la situación. Al viejo le dolía el pecho y la fiebre abrasaba su piel. Se le había declarado una pulmonía. Me devanaba los sesos tratando de inventar algún alimento después de revisar nuestras pertenencias. Finalmente decidí hervir un saco de guardar instrumentos, de piel de caribú, que no había sido curtida. Lo herví durante varias horas en agua de la nieve y se lo ofrecí a Doc. Después eché tres pares de mocasines en la caldera y luego raspé trozos de la substancia resinosa de la madera de la choza. Entretanto el mapa del tesoro del millón de dólares descansaba sobre su pecho febril.

Disminuyó la ola de frío. Empezaron a moverse lentamente en dirección norte los bancos de neblina ártica que habían ocultado las cimas de las lomas arboladas, desapareciendo tras el ondulado horizonte del Porcupine. Volvieron a brillar bajo la opaca luz del Sol las fangosas tundras que descansaban rígidas detrás del cielo dormido. Surgieron los conejos y las manadas de caribúes iniciaron sus misteriosos círculos en los estériles desiertos. El alce salió de la maleza conduciendo a su familia hacia las tundras pantanosas. Sauces rojizos, abedules y abetos negros relucían orgullosos en la distancia purpurina.

Tan pronto empezaron a aparecer señales de alimento por todas partes, los lobos abandonaron la cacería humana por otra más fácil y provechosa. Ya podíamos conseguir lo que necesitábamos. Es decir, yo saldría de cacería. El viejo Doc estaba tan enfermo que no podía moverse.

Durante otra semana más cuidé de él, meditando sobre su problemático tesoro que nunca le mencionaba. Al terminar la semana Doc me dijo que se sentía mejor. Dando traspiés colocamos nuestros objetos en el trineo junto con alguna cacería que había conseguido precipitadamente a través de la nieve.

Al paso que íbamos esperábamos llegar a la orilla oriental del Porcupine dentro de quince días, íbamos cazando durante la marcha. Por la noche compartíamos el saco de dormir que nos quedaba.

Al final de la jornada encontramos otra choza abandonada, escondida entre las sombras del bosque. Estaba casi en ruinas. En ella hallamos únicamente un baúl viejo que contenía un par de medias de seda de mujer cuidadosamente envueltas. Otro misterio del Ártico.

Nos quedamos allí algunos días. Las fuerzas de Doc Stevens se estaban debilitando rápidamente. Una tos que no lo abandonaba sacudía violentamente la escasa vida que aún quedaba en su enflaquecida armazón. Mis deseos eran permanecer en aquella choza por lo menos una semana, pero Doc insistió en que continuásemos la marcha.

Abrigaba el temor de que si moría me perdería en la nieve. Al cabo de dos horas Doc Stevens se desplomó en el suelo. Lo coloqué en el trineo y comencé a empujarlo mientras él iba indicándome el rumbo con una voz tan escasamente audible como el suave susurro de la nieve.

Por fin llegamos a nuestro destino. Otro refugio de cazadores, a menos de una milla de distancia de la orilla del Porcupine. Estaba bastante deteriorado. Aplastando la nieve en el techo de barro para convertirla en agua, rellené y embadurné las rendijas de la madera para impedir que penetrara el aire. Encontré escondidos unos sobrantes de alimentos, algunos sacos de harina y media docena de latas de leche condensada congeladas.

Durante el día vagaba por el bosque en busca de cacería. Por las tardes le leía a Doc noticias, descoloridos trozos de periódicos que algún cazador había pegado en las paredes de la choza. Después escuchaba las instrucciones que me daba el viejo para poder llegar hasta el sitio del tesoro.

Una mañana desperté con una extraña sensación. Al dar vuelta en mi saco de dormir para preguntarle a Doc cómo había pasado la noche no obtuve respuesta alguna.

Como había decidido salir para California a cualquier precio, llegué en el otoño de 1905 a la costa, mejor dicho, a Nome, perdiendo el último vapor que zarpaba hacia el sur. Por esta razón tomé pasaje en un barco ballenero que salía para el Cabo Príncipe de Gales. Días más tarde cuando las densas neblinas de los hielos flotantes del polo se levantaban lentamente sobre las heladas tundras, yo iba de marcha con un bulto a las espaldas en dirección al campamento de una tribu de esquimales amigos. Abrigaba la esperanza de encontrar allí algunos medios que me facilitaran la manera de cruzar el estrecho de Bering hasta llegar a Abadir, en Siberia. Por cuatro días estuve vagando solitario entre el pantano de las tundras, con mi pesado envoltorio.

En la madrugada del quinto día vi el campo esquimal al cual me dirigía. Estaba situado en las dunas de arena que dan frente a las heladas extensiones del estrecho de Bering y que consisten en varias docenas de tiendas de piel de foca, de estructura cónica, montadas sobre trozos de madera flotante que la corriente había arrastrado. Fui saludado como por cien perros Malamuth, cuyos extraños y fuertes ladridos despertaron a los esquimales. Cabezas soñolientas aparecieron a la entrada de las tiendas, rostros estereotipados bajo la sólida arquitectura mugrienta de cabellos desgreñados. La mayoría de las mujeres llevaban su atuendo de verano, largas y sucias faldas de algodón sobre pantalones de invierno y parkas de piel de foca en pésimo estado.

Tan pronto llegué al campamento fui saludado ceremoniosamente por el jefe de la tribu. Su actitud era amistosa. Me fue asignada una carpa haraposa donde varias pieles de foca fueron extendidas sobre el suelo como único mobiliario. Una mujer cuidaba de mí. No se alejaba nunca, excepto cuando iba a buscar alimento. Este consistía en pescado crudo o seco al Sol, el cual era cocinado con aceite de foca en una estufa. La original estufa, provista de varias mechas, había sido confeccionada en un cráneo hueco de morsa. Mis amigos eran muy generosos pero no parecían muy prósperos.

A la mañana siguiente llegaron dos centinelas con la noticia de que habían divisado una descomunal ballena a una o dos millas de distancia del campamento. Fueron recibidos con sonidos guturales de alegría. Inmediatamente varios esquimales adultos se ocuparon de acondicionar sus canoas o botes cubiertos también de piel de foca. Con sumo cuidado prepararon sus arpones provistos de ganchos de huesos puntiagudos, atados con finos alambres a una boya inflada de cuero de foca. Entré en una pequeña canoa de dos puestos con el jefe. Remamos hacia el mar.

Media hora después divisamos la ballena dormitando apaciblemente en la superficie del suave oleaje de las aguas. Se asemejaba más a una negra roca que a un animal viviente.

Al llegar a una distancia de cien yardas del monstruo, nos desplegamos. Remamos suavemente cortando su retirada. Nos acercamos sin ser vistos.

En esta forma cerramos el círculo hasta llegar a un diámetro menor de cuarenta yardas.

A una orden del jefe, media docena de arpones zumbaron por el aire y se clavaron en el voluminoso lomo de la ballena. Una columna vaporosa de agua subió. El monstruo empezaba a azotar la superficie a medida que se iban alejando rápidamente las canoas al impulso de los remos.

Después de una corta lucha con los delgados arpones que salían como espinas de su cuerpo, la ballena se hundió. Un enorme remolino hizo volcar dos de las canoas. Las boyas de piel de foca desaparecieron en las turbulentas aguas y regresaron con el cuerpo moribundo a la superficie. Ahora descansaba tranquilo sobre las rojizas aguas.

Rescatamos a nuestros dos compañeros. Abandonamos la ballena y remamos en dirección al campamento donde la noticia de nuestro éxito fue recibida con demostraciones de júbilo proporcionales a la pobreza de sus habitantes. Por primera vez en muchos meses, había suficiente alimento para esos esquimales cuyo apetito parecía insaciable.

La marea había arrastrado a la ballena hasta la orilla, a unas pocas millas de distancia. Las gaviotas que revoloteaban indicaron el sitio donde los esquimales debían levantar campamento. Carpas y pertenencias se acomodaron en los *ummiaks*. Unas barcas llevaron a los niños y mujeres hasta el lugar donde revoloteaban las gaviotas, mientras los varones con los perros caminaban por la orilla de la playa preparando el terreno. La ballena era un monstruo enorme, un cachalote más grueso que la suegra de un esquimal. Descansaba muerta sobre la playa. Sugestivamente tentadora, pues ya las gaviotas habían comenzado a picotear sus ojos.

Terminado el nuevo campamento se levantó una pared con pieles estiradas sobre postes para proteger las hogueras del penetrante viento del norte.

A una señal significativa hombres, mujeres y niños se abalanzaron sobre el monstruo, dando gritos de júbilo. Con sus manos y cuchillos sacaban porciones de la gruesa capa de grasa que devoraban en cantidades increíbles. Durante todo el verano se habían preparado para esta fiesta. Ahora, que habían comido lo suficiente, Dios sabe cuántas libras, se acostaron cerca de la hoguera rodando por el suelo mientras gozaban de las delicias de la digestión. Al terminar aquel reposo de nuevo fueron por más grasa. Se hundían en el cuerpo de la ballena como los gusanos en una manzana, dejando apenas afuera los dedos de los pies que movían en señal de satisfacción.

El banquete duró dos días. En todo ese tiempo yo me alimentaba con tajadas de pescado fresco, frito en aceite de foca. Después del último festín, seguido del período de la digestión, los esquimales se propusieron asentarse y trabajar. Cortaron el resto de la ballena y pusieron a secar la carne al aire frío. Hirvieron el resto de la grasa y la depositaron en receptáculos de piel para usarla durante la escasez del invierno.

Aquella espontánea celebración en que solo manos y pies tomaron parte fue seguida de la más elaborada ceremonia de alegría. Protegido por el tabique de pieles los músicos se acurrucaron y empezaron a batir los tom tom de sus tambores, hechos de madera de sauce cubiertos con piel bien templada, mientras los hombres se sentaban frente a ellos formando un semicírculo y las mujeres y los niños se agrupaban detrás.

Era una escena pintoresca. Los músicos cantando a todo pulmón baladas de la tribu con entonación nasal. Los varones en trajes fantásticos lucían máscaras extrañas. Provistos de colas de lobo y zorros guindando de sus parkas, ejecutaban lentos y estremecidos movimientos. Toda la ceremonia palpitaba bajo un primitivo ritmo erótico.

Luego empezaron a bailar las mujeres. Esto fue lo más interesante. Oportunamente, cuando el frenesí llegaba al máximo, y mientras los hombres saltaban como criaturas salvajes, gritando y dando alaridos que el eco prolongaba en la estrellada noche ártica, una de las más bellas entre las bellas se adelantaba, con un niño metido en una cesta atada a sus espaldas. Con una timidez digna de la mejor entrenada adolescente neoyorkina miraba humildemente al suelo, mientras cantaba a media voz una balada y movía sus caderas al compás rítmico de sus rodillas. Al llegar al centro del semicírculo los hombres convertían sus pequeños brincos en grandes zancadas. El aire nocturno se llenaba de bramidos cuando la hermosa bailarina sacudía su cuerpo. Recuerdo a un viejo cojo, probablemente sufría de gota, quien creyéndose poseído de los espíritus malignos con gran dificultad trató de dar por lo menos un par de saltos para demostrar su aprecio a la bailarina. La bella entre las bellas lo miró de reojo, agitando rítmicamente su cuerpo.

Le causó tal alegría al viejo que cayó al fuego. Tuvo que ser tirado de la cola de su disfraz de lobo.

Esta loca festividad continuó durante varios días y noches, bajo la serena aurora boreal. Las olas zumbaban y rugían en la playa. Las neblinas árticas pasaban deslizándose lentamente como si fuesen gigantescas velas sobre las verdinegras aguas del estrecho de Bering.

Como yo esperaba ser el feliz propietario de un saquito lleno de polvo de oro, varios esquimales me llevaron hasta Siberia en un *ummiak*. La costa de Abadir estaba muerta. Ni un solo velero a la vista. Ninguno era esperado hasta la próxima primavera. Me vi obligado a regresar a Alaska, después del deshielo, cruzando los abiertos senderos del estrecho en mi trineo que habían convertido en un bote, cubriendo su fondo con pieles de foca, cosidas, que hice impermeable untándole grasa de morsa.

Después de remontar el Yukón por espacio de una semana, tomé el camino más corto, el que me era familiar, al pie del monte McKinley. Me dirigí hacia el campo del río Copper, rumbo a Valdez.

El viaje no era agradable. El termómetro registraba más de 50 grados bajo cero. Sin embargo, no tenía por qué preocuparme, pues contaba con suficiente alimento para mí y salmón seco para mis perros. Tarde o temprano llegaría a mi destino. Era solo presencia de ánimo lo que necesitaba cuando caminaba ciegamente por la tundra nevada, a través de una tempestad de nieve interminable, que duró posiblemente unos veinte días. No recuerdo bien. Finalmente llegué a Valdez.

Desde allí viajé hasta Nevada donde se anunciaba ya la gran bonanza del oro. Aquélla de 1906 a 1907.

## V. Días en Nevada

Un año más o menos antes de salir de Alaska al mundo exterior, el mosquito de la fiebre de oro de nuevo hizo su aparición sobre las arenosas tierras áridas y bajíos alcalinos de la vieja Nevada. Bajo su repentino aguijón los fosilizados corazones de los arrugados exploradores veteranos y otros supervivientes de los tiempos de Comstock empezaron a latir violentamente. Con la velocidad del rayo emanado de un claro cielo se esparció la noticia de que alguien había descubierto un buen filón al sur de Smoky Valley. Montañas de oro reluciente fueron derribadas por todo el desierto. *Tonopah* fue el nombre con que bautizaron el nuevo El Dorado. Según rumores, los caballeros de la capa de nieve rutilante, que habían encontrado tal filón, provenían directamente de Austin, un montón de carcomidas cabañas, —lo único que quedaba de lo que fue hace treinta años el floreciente campamento minero— con su gran edificio principal de equipos mineros que según tengo entendido, contenía también el banco local y la cárcel. El tenedor de libros y gerente activo del lugar era un joven neoyorkino de apellido Olson. Gozaba de buena reputación entre los mineros y ganaderos del vecindario que tenían la costumbre de dirigirse a él llamándole *gobernador* Olson.

Un día se le presentaron un par de ratas del desierto y le pidieron que les anticipara algún dinero, a fin de explorar cierto sitio que ellos conocían al sur de Smoky Valley, donde había buenos indicios de oro.

El gobernador Olson llamó a algunos de sus amigos y logró que cada uno contribuyera con cincuenta dólares. La mayoría estaba reacia al principio. Nadie conocía a aquellos exploradores. Sin embargo, prevaleció la opinión de Olson. Algunos días después, desde México hasta las selvas de Alaska, se esparció la buena nueva de la bonanza que había surgido en la cumbre de la colina Mizpah, en Tonopah.

Entre los argonautas de Austin y sus alrededores, que fueron los pioneros de las nuevas excavaciones y quienes más tarde se llevaron la gloria de haber apostado el descubrimiento original de Goldfield, merecen mención especial dos promotores. Uno era Mister Brice, un ambicioso gerente de un banco local y operador de telégrafo de un caserío desierto, que suspiraba por tener una cuenta de banco de un millón de dólares. Aspiraba obtener una curul en el Senado de los Estados Unidos, mediante un anticipo de cincuenta a quinientos dólares a un indescriptible sujeto, de mirada fría y taciturna y ojos de un gris acero. Se llamaba Garrett.

Garrett, el otro promotor era jugador profesional, vaquero y cantinero, todo a un mismo tiempo. Nadie le ponía mucha atención en Austin y Winnemucca. Parece que Garrett al llegar a Reno en su viaje a Tonopah perdió en el juego el dinero anticipado, viéndose obligado a escarbar en otras exploraciones. Abrió inmediatamente una taberna, el infierno de una casa de juego, que muy pronto se convirtió en el sitio de reunión de todos los sujetos sospechosos en cien millas a la redonda. Por facilitar fichas a crédito —Garrett era de una disposición generosa— el taciturno jugador de ojos grises, que se las daba de gran cacao, se convirtió, de la noche a la mañana, en la mente directriz y más grande explotador minero que hubiese existido en Nevada desde los días de Comstock.

Un año después de su llegada a Tonopah, Garrett compró la parte de sus intereses a Brice (su principal subvencionador, que había llegado entretanto a Senador de los Estados Unidos) en los valores que tenían conjuntamente en la Goldfield Consolidated, por un millón de dólares en efectivo. Pago al contado. Por el hecho de haber sido cantinero en su juventud, probablemente Garrett hubiera sido el sucesor de Brice como Senador de los Estados Unidos en Washington, D.C. después de su muerte.

Esta es la historia de cómo empezó la bonanza en Tonopah y Goldfield y de cómo el gobernador Olson y los señores Garrett y Brice se convirtieron de la noche a la mañana de pobres hombres en millonarios mineros de Nevada.

Llegué a Nevada a fines de febrero de 1906. En Reno, donde encontré a varios viejos amigos de Alaska, permanecí un par de días, preparándome para continuar mis futuras aventuras en Nevada. Seguí viaje a través del desierto de Mina. Una mañana llegué a la ciudad de Tonopah, cuya rápida prosperidad se extendía en la parte sur de Smoky Valley. El campamento se encontraba propiamente a orillas del estéril desierto, entrecortado por angostas quebradas sembradas de abundante artemisa donde sobresalía ocasionalmente un árbol de Joshua. *La ciudad,* como los habitantes de Tonopah llamaban orgullosamente a su destartalado pueblo, surgía, o mejor, trepaba por la pendiente sur de la famosa colina Mispah. Sus numerosas casuchas de madera cubrían por un lado la montaña como un manto gris. Aquí y allá, entre techos cubiertos de nieve, dispersos bungalows y arquitecturas de consistencia masiva. Delgadas espirales de humo se levantaban hacia el límpido cielo azul del desierto.

La famosa mina Mispah, coronaba la colina como una fortaleza arruinada. Estaba trabajando sobre tiempo. Sus desgarbadas grúas y trepidantes tornos se mantenían haciendo brotar de sus ejes de madera el flujo y reflujo que mantenía atados con lazos de hierro a crapulosos personajes que nunca habían domado un potro ni disparado un tiro desde Alaska a Magallanes.

Carretas con cuarzos, traqueteando bajo su preciosa carga, eran llevadas en toda dirección por recuas de mulas lanudas. Las diligencias plenas de apostadores y curiosos llegaban a la ciudad a borbotones. Tomaban la calle central —alineada de carpas, casas de abasto, tabernas y dancings— armando un alboroto con sus gritos, sus caballos a todo galope, sus látigos fustigadores. Por las aceras cubiertas de pantano una multitud abigarrada iba y venía trajeada con el pintoresco atuendo de los habitantes del desierto. Pantalones de corduroy o kaki, chamarras de lana, sombreros de ala ancha, pesadas cartucheras y armas de toda condición.

Docenas de jacas peludas, amarradas con cabestros de crin de caballo a las aceras de madera, esperaban pacientemente frente a las tabernas por sus amos. Exploradores, vaqueros, abogados ambulantes.

*Seis... ocho... ¡lo peino!*

*¡No friegues y pásame los dados, gran langosta!*

*¡Langosta será usted... Tres pases... le gano!*

¡Pum! ¡Crac, crac! Los revólveres eran súbitamente vaciados con la misma frialdad con que se apuraban los vasos de whisky. Dos *respetables* jugadores trataron de escaparse con un fajo de billetes, saltando a través del plateado cristal de la ventana. La excelente puntería de sus victimarios los dejó tendidos en la nieve. Sus cadáveres desaparecieron en segundos. Nadie supo ni vio nada. No era negocio, es la verdad, inmiscuirse en los asuntos particulares de estos caballeros, fuesen o no legales. Cuando llegó la policía no encontró sino a jugadores de dados en acción. El propietario de la taberna apenas aconsejó luego a los parroquianos comportarse mejor y no embromar la paciencia.

El incidente ocurrió el día de mi llegada, mientras tomaba en el bar. Gocé con el espectáculo de una manera desinteresada. Recordé mis antiguos días de vaquero en Río Grande, donde cada quien llevaba la ley colgada del cinturón.

De repente un joven se agarró el brazo cayendo pesadamente sobre el mostrador. Como estaba sentado a mi lado levanté su manga y até mi pañuelo alrededor de su sangrante herida.

Me contó que los dos hombres que habían perecido en la refriega eran Red Joe y Jim Smith, los descubridores originales de Tonopah. Habían gastado su dinero, habían jugado para recobrarlo, y habían sido liquidados.

Como mi capital no era sino medio dólar visité aquel mediodía al juez Field, famoso abogado del sur, explorador de Alaska, uno de los caballeros más refinados que Nevada albergó. Me presenté a él con cinco líneas de recomendación que me dio Mister Short, de Fairbanks, Alaska. Contenían solo estas palabras: «Le presento a usted a Chico Méndez. Es uno de esos tipos que solo necesita una palanca. De lo demás despreocúpese». Por la fuerza de aquellas líneas, rápidamente garrapateadas, el juez Field me dio inmediatamente cuanto necesitaba. Cuidó de mis negocios durante los dos años que pasé en Nevada. El solo hecho de que me estaba respaldando era suficiente para mantener alejada de mis alrededores toda una legión de picapleitos, estafadores denunciantes de minas, diversas sabandijas humanas montadas sobre dos pies, que infestaban por aquellos días no solo los campos mineros de Alaska sino también los de Nevada.

Después de un apresurado almuerzo en el Hotel Mispah salí a inspeccionar el terreno. Lo primero que visité fue el cabaret Alicita, donde las más bonitas muchachas acostumbraban citarse con la dorada juventud masculina. Allí conocí, entre otros, a tres notables personajes: Harry McPhelan, uno de los más populares mineros de Nevada que acostumbraba libar champaña en galones; Humboldt Tates, adinerado y afortunado explorador de Alaska que una vez trepó en traje de etiqueta a uno de los postes de luz de la Quinta Avenida de New York, balanceándose en el aire hasta que los bomberos le aplicaron la manguera; Ray Tucker, el Don Juan de la localidad. Ray era un elegante *dandy* de Oakland. Más tarde destacó en su profesión volviéndose un alto oficial en Washington. Luego se volvió más importante aún casándose con una viuda rica. Después con otra viuda todavía más rica. Ray ciertamente era un fino hombre de salón, que no dejaba crecer por ningún motivo la maleza a sus pies.

Cada pulgada de terreno alrededor de Tonopah había sido denunciada o arrasada por un enjambre de hambrientos apostadores. Decidí mudarme a Manhattan, situado en uno de los estrechos cañones de Smoky Valley, donde los muchachos de Humphrey estaban echando adelante un túnel dentro de una gran extensión de mineral de alto grado.

Compré un pequeño equipo de explorador y pocos días después una tambaleante diligencia me depositó sano y salvo en Manhattan. Era una típica ciudad minera secundaria, con su invariable calle central de carpas, sus cabañas, su taberna ocasional. El establecimiento del empresario era el más grande entre todos. Cuando pasé cerca de él su propietario estaba sentado en el porche con las manos en la cabeza. A mi pregunta de por qué parecía tan preocupado, respondió con aire despectivo: ¿No lo ve usted? ¡Estos malditos roñosos de Manhattan me van a llevar a la quiebra!

Armé mi tienda en un lote vacante y comencé a darme a conocer de los principales vagabundos de la ciudad. Empecé a escudriñar denuncias de minas. Intentaba poner en marcha una o arrendar una compañía que fuese de mi propiedad. Diferente a Alaska, donde se excava el oro en las entrañas de la tierra, en Nevada la mayoría de los exploradores lo encontraban vendiendo al ejército de petardistas, a precios escandalosos, sus inservibles bienes raíces y bienhechurías de minas recién exploradas.

Un mediodía, cuando retornaba de la colina donde había ido con un inspector a investigar algunas denuncias, observé que el último ayudante estaba lejos de nosotros, a distancia de una milla. Cuando le pregunté al inspector qué le pasaba a aquel tipo contestó bruscamente: Jimmy probablemente olió un buen trozo de filete.

En Manhattan adquirí mi famoso *Proscrito,* un alto y brioso caballo, color avellana, de diminuto hocico levantado y mirada alocada. El rancho Peavine lo había enlazado en el desierto junto con una manada de jacas salvajes. *Proscrito,* era un media sangre, un fugitivo castrado de cola corta, sin herraje alguno. Probablemente huyó a la selva cuando era potro. Tres vaqueros lo mantenían en el suelo, vendado y maniatado, mientras Jack Humphrey le encajaba en el hocico el cruel y circular freno español. Todos parecían temerle. Había echado por tierra a un vaquero y casi le causa la muerte. Jack Humphrey no estaba arriesgando nada. Después que terminó su tarea y que las piernas del caballo quedaron libres, alguien le quitó el vendaje de sus ojos.

Yo había ganado para aquel tiempo varias interesantes competencias de rodeo, pero juro que nunca había visto corcovear a una criatura de cuatro patas como *Proscrito*. Era una especie de cabra emparentada con coyote ensayando una danza de fantasía. Si no hubiera sido por el infernal freno español que había partido en dos la quijada del animal, Jack Humphrey no hubiera sobrevivido aquella jornada.

Sentí lástima del pobre animal cuando lo vi parado allí, en medio del corral, temblando de rabia. Un hilillo de sangre manaba de su estropeado belfo. No podía permitir que fuera liquidado. Rebusqué profundamente en el bolsillo de mi pantalón los ciento veinte dólares que gentilmente me había adelantado el juez Field. Compré a *Proscrito*.

Mi gesto de benevolencia fue ampliamente retribuido después, por la lealtad de este noble corcel, cuya quijada partida curé oportunamente con bebida espesa de cebada.

Mi mejor amigo en Manhattan fue el viejo Tim Titus, también llamado Hassajampa Titus, porque no había dormido bajo techo durante cuarenta años. Lo conocí en una cacería en el rancho Peavine cruzando Smoky Valley. Nos hicimos íntimos amigos. Acostumbrábamos pasear a caballo juntos hacia Tonopah. En uno de aquellos viajes se descubrió el gran filón de la mina Mohawk, en Goldfield. Sus propietarios se volvieron ricos repentinamente de la noche a la mañana, subiendo sus acciones de diez centavos a diez dólares, en una semana. La mina Mohawk, controlada por Garrett y su gente estaba situada en Goldfield. No en balde Goldfield se convirtió en el centro minero de Nevada.

Mucho antes de que la bonanza estallara en Mohawk, Tonopah, con su arquitectura desnuda de oro, se había vuelto un poco anticuada. Era demasiado estable como para satisfacer el gusto de los improvisados especuladores ricos, que empezaban a regar por la ciudad el descubrimiento de nuevos filones e independientes prosperidades, como la de Manhattan, lo que facilitaba la labor de vender a los petardistas insignificantes existencias por precios exorbitantes. Nadie era adverso a propiciar una estafa, tan pronto supiera que había alguna oportunidad de endosársela a alguien con algún provecho. El favorito grito de combate en Nevada era: *Cárguele el muerto a otro y muéstrese alegre. Usted no es el único que está fuñido.*

Como el resto de aquellos *vividores* alrededor de Smoky Valley, yo abandoné todo, después del filón de Mohawk, para irme a Goldfield. Esperaba tener éxito en su suelo, lo que significa que intentaba asegurar un terreno apropiado, un buen arriendo con el cual promovería una compañía minera cuyas bienhechurías una vez vendidas me permitieran vivir a cuenta del país, por lo menos hasta que el *boom* pasara.

Permanecí un par de días en Tonopah. Luego procedí a irme al sur, probando una nueva carretera. Estaba atestada de solitarios jinetes, recuas de burros de carga y toda suerte de vehículos cargados de utensilios mineros, muebles, alimentos, licores. Todo lo que el hombre considera indispensable para la excavación del oro. Cruzando la hondonada de Rattlesnake aquel último mediodía, pude ver a Goldfield en la distancia, envuelto en una nube de polvo. Justamente, antes de la noche, entré en su calle central donde encontré el usual espectáculo de tabernas, alboroto, alegría y vitalidad general. Nadie podía pensar que meses antes se vendiera el agua en Goldfield a ocho dólares el barril, mientras que en los baños públicos el mismo diminuto cubo de agua alcalina, apenas suficiente para que un hombre se metiera dentro, era alquilado al primer parroquiano por dos dólares, al segundo por un dólar y al tercero por cincuenta centavos. Finalmente dicho contenido era vendido a otros a menos precio (tal vez como tocino).

La taberna norte de Tex Richard, el Turf, el Louvre y los bares Red Top eran los sitios más populares de Goldfield para los aventureros que constantemente iban y venían a través de sus puertas oscilantes. También el famoso hotel Casey, cuya propietaria tenía fama de ser la mujer más *sexy* del lugar.

No existía en Goldfield la bolsa minera. La ciudad estaba prácticamente convertida en una Bolsa. La mayor parte de las transacciones se hacían en las oficinas de corretaje, en tabernas, en las aceras, o en el medio de las calles, donde las damas se ponían en evidencia. Algunas de aquellas amazonas jugaban un papel muy importante, llevando los toros y los osos al matadero, es decir, donde ellas querían. Eran especuladoras audaces que fijaban el precio que les convenía, manteniendo el campamento en un continuo escándalo.

Tanto en los salones de baile como en lugares menos respetables la disputa de estas damas por los dorados certificados de minas siempre estaba causando molestias. En muchas ocasiones, a algunas de aquellas bellezas blondas o morenas y a sus socios masculinos, hubo que llevarlos a sus casas en camillas. Max y Dever Nel, voltearon una noche de arriba a abajo el dancing Jake, sacando en volandilla a todo el mundo a punta de revólver, mientras discutían en una mesa de juego los probables beneficios de cierto dominio minero.

Esto ocasionó que Montana Dick Ritchie, vástago de una conservadora familia de Boston, tuviera que desempolvar sus chaparreras apresuradamente para irse a negociar una nariz postiza, un ojo de vidrio, y una pierna de palo, en reemplazo de sus originales.

Entre los ciudadanos más *listos* estaba B.R., quien se hizo notable por sus sensacionales robos en las factorías Cyanide. Siempre iba acompañado de pistoleros.

Los centros sociales de la ciudad eran el restaurant Palm y el club Montezuma, donde los exploradores profesionales mantenían en constante movimiento letras de cambio de dos mil dólares. Allí me enteré que el día que el gobernador Sparks visitó la ciudad acompañado de su comitiva, se descorcharon en Goldfield alrededor de cuatro mil cajas de champaña.

¿De dónde provenía tal riqueza? He aquí el secreto. De entre las mil o dos mil minas y compañías arrendadas, que vendían bienhechurías mineras de Goldfield alrededor del país, no más de una docena producía oro, casi siempre en pequeñas cantidades. El alza de valores era evidentemente hecho adrede, inteligentemente dirigida por una pandilla de rufianes y agentes de publicidad, bandidos disfrazados de promotores de minas. Eran bastante expertos como para salvarse del *fraude,* usando solo la palabra «proximidad» en sus prospectos. Evitaban también la cárcel pagando espléndidamente a sus consejeros legales —lo cual los mantenía protegidos—. Además sacaban ventaja de los innumerables tecnicismos inventados por hábiles abogados para los abogados mineros.

No hay exageración en tales encuentros. Basta solo recordar que la más grande y más respetable promoción de negocios de minería por aquellos días en Goldfield era propiedad del célebre Crip S. de Portland, Oregón, el famoso agente confidencial de las carreras de caballos de New York.

Rondando por la noche en Goldfield, directamente fui al club Montezuma acompañado de un caballero que se excusó de no haberme ofrecido la hospitalidad de su casa. Me explicó que había estado tratando, sin ningún éxito, de dar con el hueco de la cerradura. En resumen, difícilmente podía caminar. Sus piernas parecían pesarle enormemente. Cuando se movía algo tintineaba como un cascabel. Fue cuando me di cuenta de manera insólita, que este caballero se hundía entre el peso de su riqueza. Había sido excesivamente afortunado en la mesa de juego y los bolsillos de sus pantalones de montar llenos de dólares hasta las rodillas, parecían un banco ambulante. Este ciudadano resultó ser J. Patton, editor-asistente del *Goldfield Herald*, íntimo amigo del no menos popular Brother Bowl, famoso caricaturista del *Tonopah Sun.*

El círculo de Patton, al cual pronto me uniría, incluía entre algunos distinguidos caballeros y prominentes ciudadanos a Judge Green, presidente de la Cámara de Comercio. Después de la bonanza volvió a su viejo cargo en el Ejército de Salvación.

Cuando estaba en Goldfield, husmeando por sus alrededores, oí de un alza de valores en cobre que varios picapleitos y promotores de minas empezaron a regar que existía en Bluewater, en la vertiente oriental de la Cordillera Funeral. Rumor como para embromarle la paciencia a un magnate del acero, quien había estado oliendo el anzuelo y finalmente lo mordió, como gran especulador que era. Este grupo de explotadores era dirigido por el gerente de una compañía aserradora de madera, que por haber embaucado al magnate del acero, se consideraba digno de arrancarle una substanciosa ganancia.

Por aquel tiempo recibí una información, digna de crédito, de que todos los exploradores se estaban congregando en Bluewater, tras haber comprobado que un alto mineral de cobre estaba fluyendo por todas partes sobre la superficie del desierto.

Cuando llegué allí el equipo de la explotación de madera ya se había adueñado del campamento, de la ciudad y de cada pulgada de terreno por millas a la redonda.

Durante mis días en Alaska adquirí gran habilidad para calcular distancias. No encontré mucha dificultad en hallar y apostar algunas definidas y honestas fracciones, que no habían sido todavía inspeccionadas justamente en el centro del grupo descubierto en Bluewater. Mi intrusión produjo naturalmente una trifulca. Probablemente hubiese degenerado en un tiroteo si el equipo de exploradores no se hubiese decidido a bajar el tono de su voz y a hablar de modo razonable. Expresaron su temor —así me confesaron después— de que su rico cliente podría echarse atrás en el negocio cuando supiera que sus títulos no estaban en regla. Me suplicaron que los ayudara en su problema, renunciando a aquellas fracciones, como buen compañero. Fue una súplica a la cual pronto accedí. No había venido a Nevada en busca de cobre sino por la aventura del oro, si es que lo podía encontrar. Tampoco veía la razón de tal aspaviento, la patraña del alza del cobre de Bluewater, cuando en Utah, Arizona y Montana había formidables depósitos de este bajo metal, esparcidos en todo el desierto y nadie se preocupaba.

Después de nuestra pequeña controversia que fue cordialmente arreglada, empecé a buscar algo que valiera la pena. Lo encontré pocos días después en Death Valley, donde fui en busca de la misteriosa mina de Scotty. Durante los varios días que pasé en Bluewater un viejo veterano me informó que había observado en las últimas semanas un desfilar de carretas que iban aparentemente hacia el Cañón Mezquite.

A pesar de que por aquel tiempo —junio o julio— Death Valley era una especie de caldera hirviente, contraté a un muchacho llamado Joe Parker, para que me acompañara en mi viaje al valle, pues quería saber a dónde iban aquellos carretones.

Nunca olvidaré en mi vida el paisaje fantasmagórico que me ofreció Death Valley, cuando lo vi por vez primera desde la cima de la Colina Funeral.

Una superficie ondulada, cubierta de cal, que se suponía estar a varios centenares de pies bajo el nivel del mar, brillaba lejos de mí como un crisol de plomo derretido. Sobre su rugosa planicie de veinte millas de ancho doblando en largo su extensión, un ocasional remolino de arena se desperezaba como un alma solitaria en medio de aquel impresionante silencio, de aquella caldera multicolor y deslumbrante, que limitaba al oeste por las escarpadas colinas de la cordillera Panamint y por el norte con los dispersos arrecifes del Cañón Grapevine, mientras por el oriente podía divisarse, como una enorme pared de ladrillos rojos, los sombríos contornos de la cordillera Funeral. Cerca de su parte central un débil rayo azulado en un estrecho corte perpendicular —el Cañón Mezquite— cuya enorme boca, abierta como un abanico, vomitaba una avalancha de guijarros sobre el valle, discretamente envuelto en un halo de niebla color lila.

A través de la entrada meridional de Death Valley, surgía en la distancia la gigante grieta de un río subterráneo —el mítico Amargosa— que se suponía penetrar en aquella iridiscente caldera de muerte esplendorosa y alimentar tal vez un posible lago o pantano. El mismo fenómeno se supone haber existido en Palestina antes de que alguna terrible catástrofe incendiara y despedazara la acodadura de la tierra y las bituminosas rocas que se suponía cubrieron antes la superficie del Mar Muerto, donde estaban situadas Sodoma, Gomorra y el resto de las famosas ciudades de Pentépolis. Debido a las emanaciones de una cisterna subterránea o ciénaga, y a la soda que se deposita en la superficie, Death Valley desgaja en junio, julio y agosto una húmeda bruma o neblina de vapores altamente venenosos que hacen casi imposible la vida humana.

Cuando Parker y yo llegamos a Stovepipe, al pie del valle, lo encontramos sin una gota de agua. El manantial Dead Horse a algunas millas de allí, estaba igual. Nuestra situación era crítica, pero no peor de lo que esperábamos. La única salvación residía en el Cañón Mezquite, que aparecía como una hendidura azulada en las rojizas montañas del lado de la cordillera Funeral. Hacia allá nos encaminamos cruzando muchas millas de abrasadores bajíos alcalinos, con nuestros ojos semicerrados y nuestras gargantas secas. La noche nos encontró gateando hacia el cañón, rodeados de un fosforescente anillo de ojos de coyote. Después de muchas horas de tortura finalmente alcanzamos un verdoso lago, sobre cuya superficie flotaban ardillas muertas. Este espectáculo nos salvó.

A la siguiente mañana exploramos el camino. Mientras husmeábamos por los alrededores llegamos cerca de ciertas huellas de botes claveteados.

Tras de seguir su rumbo encontramos una cueva, quinientos pies arriba del cañón, escondida bajo un sobresaliente arrecife. Contenía una bañera llena de sacos de harina, un montón de cartucheras vacías, una estropeada linterna, efectos y objetos de la vida de campamento. Sobre los sacos de harina estaba una libreta de anotaciones. A juzgar por su contenido pertenecía a Scotty, de Death Valley. Entre otras extravagantes donaciones mencionaba una de muchos cientos de dólares para el Ejército de Salvación. Este descubrimiento nos llevó a suponer que se trataba de la misteriosa mina de Scotty, el lugar en que guardaba las provisiones para alimentar a sus mineros en el valle, como a menudo declaraba.

Por mostrar este cuaderno, conjuntamente con algunos cartuchos vacíos y la magullada linterna en la droguería de Tonopah, Scotty declaró en Fresno, Los Ángeles, Johannesburgo, etc., que Nevada Méndez había robado su mina y que por lo tanto iba a matarme.

Fue por eso que cuando paseaba a caballo algún tiempo después por Goldfield observé que un hombre sospechoso, cuyas señales correspondían exactamente a la descripción de Scotty, rondaba el hotel Casey de Death Valley (con un pañuelo rojo atado al cuello y jactándose sobre su mina). Le piqué las espuelas a mi *Proscrito* e inclinándome sobre la silla me dirigí hacia Mister Scotty para decirle en el rudo lenguaje de Nevada, lo que pensaba de él, es decir, le recordé de una manera no muy ceremoniosa que él ya no se encontraba en California, donde podía asustar a los novatos solo con ladrarles. Por lo cual Scotty, con el rabo entre las piernas, respondió de una manera embarazosa: pero señor Méndez, todo ha sido una equivocación. Yo nunca he dicho eso.

Después de devorar varias libras de harina cocida con sal, Parker y yo empezamos a mirar a nuestro alrededor, buscando las huellas que pudieran llevarnos a la cueva de Bill Keys, que se suponía estar escondida más o menos en la parte superior del Cañón Mezquite. Pero no encontramos nada. Calculando que si remontábamos el cañón podríamos llegar a cruzar la cordillera Funeral y caer en Bluewater, llenamos nuestros bolsillos de harina y empezamos a subir el cañón. Cuando nos dimos cuenta de que nuestro avance estaba obstaculizado por escarpados arrecifes y peligrosas pendientes, tomamos la vereda de las cabras, de solo unos dos pies de ancho y más de mil pies de alto, que se contorneaba como una serpiente sobre las perpendiculares paredes del cañón y que finalmente nos llevó a una peque-ña choza de piedra al pie de una estrecha grieta sobre una roca empinada. En aquella grieta descubrimos un cordón de tres pulgadas con cuarzos, de los cuales Bill Keys había extraído oro libre. Eran probablemente las mismas muestras de alta calidad de oro que Scotty había estado exhibiendo por toda la costa y fuera del este, en busca de fáciles calificaciones.

Bill Keys era un mestizo Cherokee que había hecho un atraco en Pana-mint algunos meses antes, con el propósito de atemorizar a un sector de novatos del este, que habían avanzado dinero a Scotty e insistían en darle un vistazo a la mina. Lamentablemente para Scotty, un joven estudiante, que formaba parte del grupo, en vez de alzar sus brazos le tiró a quemarropa al enmascarado atracador, resbalando el floreado pañuelo del rostro del bandido y descubriendo el rostro barbado de Bill Keys, o en otras palabras, la misma cara del hombre que habían visto conversando el día anterior con Scotty en la calle.

Esto naturalmente puso las cosas en su puesto.

Tras de devorar algunas rancias galletas que encontramos por el suelo, me acurruqué en un rincón de la cabaña para echar una siesta. De pronto fui despertado por un grito de júbilo. Parado frente a mí estaba Parker, agitando a la altura de su cabeza un papel y gritando como loco: ¡Pasea tus ojos por este mapa de la perdida mina de Peg-Leg. Lo encontré en la maleta de Bill Keys junto con otros papeles... Hurra!

Cuando me di cuenta del hallazgo un escalofrío recorrió mi cuerpo. Si Bill se presentaba intempestivamente y veía que habíamos rebuscado en su casucha tendría todo el perfecto derecho de desgranar su revólver contra nosotros, especialmente si hubiera sabido que cuando cruzamos el día an-terior el valle por aquella angosta vereda nos habíamos despojado de todo lo superfluo incluyendo nuestra pistola de seis tiros, a fin de hacernos más ágiles.

Hice lo posible por convencer a Joe Parker de que había cometido una felonía. Y como persistía en quedarse con el mapa le manifesté que desde ese momento lo abandonaba a su suerte, procediendo a ello lo más ligero que pude.

Tengo entendido que Parker fue después al desierto de Mohavé a buscar la mina de PegLeg, donde pereció, porque nadie supo más de él.

Luego de trepar por algunas horas los trechos escarpados de la montaña llegué a la cordillera Funeral y me encaminé al Cañón Grapevine, donde se decía que dos extranjeros tenían una cabaña. Resultaron ser dos italianos que me trataron a cuerpo de rey al manifestarles en su propio idioma que conocía su país.

Pasé una magnífica noche y al día siguiente me alisté para ir a Goldfield encontrándome afortunadamente en el camino con un par de inspectores que me prestaron un caballo de silla.

Al cabo de dos días fui detenido en el desierto por el jefe de la policía y seis agentes que iban en automóvil hacia el sur. Cuando les conté que había pasado la noche como huésped de dos italianos me felicitaron por estar vivo, añadiéndome que iban en busca de ellos para arrestarlos. Habían recibido una denuncia formal de que los tales italianos usaban aquel rancho como un señuelo para embaucar a ignorantes exploradores que luego mataban y robaban mientras dormían, quemando sus cuerpos en el desierto.

Cuando regresé a Goldfield, después de mi gira por Bluewater, difícilmente reconocía el sitio. Todo estaba por las nubes, en plena bonanza. Corría dinero por todas partes con toda clase de licores. Pero Goldfield no era el único lugar que estaba rebosándose. Prácticamente toda Nevada y el condado de Inyo en California estaban en el período similar al de las siete vacas en Egipto, y nadie lo sospechaba.

En muchos de aquellos campos mineros, que habían brotado casi en una sola noche en las arenas del desierto, trabajos de acueducto y alcantarillas eran apresuradamente construidos y puestos en servicio en un tiempo récord. En Bullfrog o en Rhyolite encontré una piscina que era alimentada, a distancia de muchas millas, por una tubería que traía el agua de ciertos arroyos de la montaña de una sierra desconocida.

El Club Montezuma, lugar de reunión habitual de la *high society,* era frecuentemente visitado por altos dignatarios; alguna que otra vez por un parlamentario que bebía más que un pez, o por un obispo trotamundos. Hasta el gobernador Sparks decidió hacerle una visita a la ciudad. Su llegada naturalmente coronó la bonanza. Fue por entonces que se destaparon las cuatro mil cajas de champaña en su honor, sin contar los ríos de aguardiente malo que corrían día y noche por los lustrosos bares de las tabernas atestadas de gente y por las ocupadas mesas de juego, donde más de una fortuna se había perdido. Jamás en la historia de los desiertos occidentales, y menos durante los días del Cripple Creek, hubo una bonanza semejante a la de Nevada entre 1906 y 1907. Se inició con la pelea Gans-Nelson, que tornó a Tex Richard de simple cantinero en uno de los más grandes promotores de boxeo en Estados Unidos, finalizando luego con la depresión de 1907, cuando se desmoronó la existencia minera de Nevada.

Después de tomar parte en una competencia en nuestro club de caza de zorros, que gané con mi caballo Zamuro, cambié mi cuartel general de Goldfield por el hotel Fairmont, en San Francisco, California, donde viví a todo trapo, gastando pródigamente mis pocos mal ganados dólares... hasta que mis bolsillos vacíos me advirtieron que había llegado la hora de retornar de nuevo a Nevada, hacia la generosa vaca que nos había alimentado a todos.

Durante uno de aquellos viajes de retorno de la costa me enteré en Reno de algunas nuevas excavaciones en la ciudad de Ube-Hebe, que está en la parte noroeste en dirección a Death Valley. Como tenía que llenar de nuevo mi bolsillo vacío, me decidí a juntarme con la expedición del juez Lindsey, que se proyectaba desde Big Pine hacia nuevas exploraciones. Partimos hacia finales de febrero de 1907, si no estoy errado, y tras de ponernos en marcha a través de la cordillera *Blancas Montañas* cubierta de nieve, llegamos a la inhospitalaria ciudad de Ube-Hebes, donde finalmente me perdí y tuve que retornar solo a Big Pine, con no más provisiones que las perdices y conejos que podía cazar con mi pistola.

Después de vagar varios días por los alrededores, con mi lengua tan seca como una esponja, llegué cerca de un diminuto manantial de una fuente envenenada. Me previno el peligro el espectáculo de blanqueados esqueletos de numerosos animales desde una ardilla hasta una vaca, porque la ausencia de insectos y la presencia de animales muertos alrededor de una laguna son indicios seguros de su peligroso contenido.

A medio camino del Cañón Panamint encontré a dos exploradores muertos en su tienda. Locos de sed se habían tomado el contenido de una botella de Linimento 2X de caballo, que encontré vacía cerca de ellos.

Un día de aquellos me topé con un par de *ratas del desierto,* que habían inventado un nuevo sistema de apuestas. Atraparon un coyote que había estado rondando su campamento, le ataron un taco de dinamita a su cola, prendieron la mecha, lo soltaron y apostaron sobre el número de segundos que le tomaría al pobre bruto para volar.

En Darwin decidí tomar un descanso de algunos días en un viejo campo minero.

En el momento de mi llegada se celebraba un gran holgorio. Todas las muchachas bonitas dentro de un radio de cincuenta millas estaban allí reunidas. La ciudad estaba prácticamente bañada en *hootch*[2] y tequila mexicano. Al siguiente día se efectuaba la gran carrera anual de caballos. Sesenta u ochenta de las mejores jacas de los desiertos colindantes, montadas por vaqueros, indios, exploradores y una abigarrada multitud de indeseables se alineaban al tope de la calle central, listos para correr, cuando de pronto hice mi aparición, trajeado con mis chaparreras, espuelas y con un pesado látigo negro de cuero retorcido en mi mano. Debo haberme sentido muy bien porque recuerdo que aposté cincuenta dólares contra uno, a que ganaría la carrera cabalgando mi *Proscrito* de espaldas y sin bridas. Mi proposición fue aceptada con gritos de júbilo. Bajo tiroteo de revólveres corrimos la media milla a lo largo de la calle central, a carrera desenfrenada. Cientos de espectadores, entre un ruido ensordecedor, disparaban sus pistolas de seis tiros al aire para darnos brío.

Gané la carrera. De ello estaba plenamente seguro, porque había usado libremente mi látigo. Luego empezaron mis preocupaciones. ¡Cómo iba a detener mi caballo después de haber pasado la meta, especialmente cuando el resto de la multitud se mantenía detrás de mí en el vano empeño de agarrarlo antes que me derribara y cayera en uno de los muchos estrechos cañones que se entrecruzaban en el desierto!

Hasta que el último de nuestros perseguidores regresó convencido de la inutilidad de mi esfuerzo, fue que *Proscrito* disminuyó su carrera. Se hizo al trote orgullosamente hacia el campamento, donde en una sola noche invertí mis ganancias de aquel día ordenando *hootch* gratis para todos.

---

2    Aguardiente fabricado por los indios en Alaska. Licor embriagador, ron destilado del azúcar, harina y el helecho. Llamado así por los primitivos fabricantes nativos.

Grandes cambios se habían operado en Nevada. La gran huelga de mineros en Goldfield, que se originó a través de la experiencia que promovió la *alta nivelación* de numerosos trabajadores de minas, ocasionó que el presidente Roosevelt despachara tropas para Nevada. Lamentable error. La llegada de aquellos soldados en vez de arreglar la situación lo que hizo fue apresurar la tan esperada ruptura entre el capital y el trabajo. Surgió la creación de la policía de Nevada, que fue como la piedra sepulcral sobre la prosperidad minera de dicho estado.

A la huelga de mineros siguió un pánico financiero. Al cierre del primer banco siguieron los demás. Finalmente, numerosas instituciones bancadas en los Estados Unidos empezaron a suspender sus pagos, causando una verdadera crisis en el mercado monetario. El comienzo de aquel desastre se desató en las existencias mineras de Nevada que convirtió en mendigos a cientos de millonarios. Con la posible excepción de la Goldfield Consolidated y tal vez una docena de compañías mineras que estaban produciendo oro, ninguna de las dos mil restantes, que habían estado vendiendo sus acciones en todo el país, desde un cuarto de centavo a uno o dos dólares, pudo soportar la tensión. Desaparecieron con la quiebra. Como si hubieran sido tragados por una gigantesca marea que dejaba abandonados en la playa los restos de acaudalados náufragos... decenas de millones de inútiles acciones mineras se habían perdido en las manos de un ejército de exploradores, de pobres idiotas que habían caído cándidamente en aquella rebatiña de oro a través de una audaz campaña de propaganda.

El único campamento en Nevada que se mantuvo algún tiempo en pie durante la quiebra general, fue Rawhide, el más nuevo de todos. Allí la *vieja guardia* libró una lucha desesperada. Cada onza de sentido común fue aprovechada agotándose todos los recursos de salvar el campamento. La mayoría de los viejos exploradores se dio cuenta de que a menos que lograran hacer un capital efectivo antes de la crisis, tendrían que abandonar sus exploraciones para buscar en un mundo vacío, trabajos rudos y vulgares, como lavaplatos en un restaurante, después de haber probado la riqueza y la abundancia, con el único esfuerzo de volverse embaucadores, exponiendo en muchas ocasiones sus patrimonios en falsos negocios, a expensas de pobres mujeres y niños desamparados.

Para demostrar las vagabunderías que inventó el comité de propaganda en Rawhide a fin de salvar el campamento vaya lo siguiente:

Una mañana varios de los más importantes Diarios de California anunciaron a grandes titulares: *Nat Lawson, el famoso actor, está invirtiendo sus millones en Rawhide. ¡Despierten!* O acaso: *Esté listo para invertir su capital. Bárbara Smith está en Rawhide.* Ciertamente estaba en Rawhide, aparentemente invitada para dar un vistazo, pero en realidad engatusada por las *damas* de los señores del comité de propaganda, quienes las habían instruido en la necesidad de aprovechar su nombre para una inteligente campaña publicitaria. Aquellos genios hacían planes para levantar el campamento. Llegaron incluso a organizar un match de tiro en una de las tabernas de los barrios bajos, lo que emocionó tanto a Bárbara Smith, que tomando las cosas muy en serio, de inmediato partió para el oriente para escribir su famosa novela *Cuatro semanas*.

Los supremos esfuerzos de la gran *vieja guardia* para prevenir el desastre fueron inútiles. Al fin tuvieron que arriar su bandera negra, con su calavera y sus huesos. Las efímeras ciudades aledañas a Goldfield en los días de bonanza —aquellos viejos días del gran oro— fueron paulatinamente tragadas por las arenas del desierto, para transformarse luego en ciudades fantasmas, en montones de escombros solo habitados por crótalos y asaltadas de noche por errantes coyotes y búhos ululantes.

## VI. La vieja mina de Payne

Durante el famoso *Boom* de Goldfield, en Nevada, en 1906 y 1907, y particularmente después de haber plantado mi cuartel general en San Francisco, necesitaba volverme presidente de alguna bien organizada mina de mi propiedad o arrendar algún denuncio o compañía, para satisfacer el deseo de mi juventud ambiciosa. Fácilmente hubiera podido iniciar alguna empresa exploradora, como lo estaba haciendo la mayoría de los operadores mineros, pero yo era demasiado orgulloso para ello. Lo que anhelaba era ser propietario de una auténtica mina, lo cual era más difícil en Nevada por aquellos días que encontrarse un hipopótamo caminando en seis patas por Broadway.

Poseído de aquel ideal me puse mis chaparreras, calcé las espuelas y me encajé el sombrero Stetson decidido a montar mi caballo *Proscrito* rumbo a Eureka, un campo minero en los días de bonanza de la plata. Allí había numerosas minas abandonadas, dispersas en el desierto, que podían serme útiles. Conocía algunas, pues había visitado anteriormente el distrito Arizona, durante mis años de vaquero.

Habíamos llegado allí por casualidad —Frenchy, el cocinero de nuestro equipo, Lanky, un pistolero y yo. Íbamos detrás de un ganado extraviado que estaba destinado a Las Agujas, un rancho cerca de Cañón de Colorado. Por aquellos días los novatos se mantenían cautos en ciertas partes de Nevada. El juego estaba en pleno apogeo.

El décimo día, luego de iniciar una cacería de patos salvajes, mientras paseábamos las jacas alrededor de un bajío alcalino, Frenchy se enderezó en su silla y me señaló maliciosamente un punto en dirección a una hilera de rocas a nuestra derecha, al pie de un rojizo monte aislado. Debido al resplandor solar no acertaba a descubrir exactamente la señal. Lanky la captó y soltando las riendas de su caballo rucio picó las espuelas. Con la velocidad del rayo se fue en dirección a las rocas, siguiéndole Frenchy de cerca.

Sintiéndome de pronto abandonado, inicié tras ellos una carrera desenfrenada. No me tomó mucho tiempo averiguar qué era lo que los mantenía curvados sobre el cuello de sus caballos. Nada menos que una osa parda con un par de cachorros. Estaba tratando de escaparse hacia la línea de los peñascos, pero nosotros llegamos primero.

Mientras Frenchy y Lanky mantenían enlazada a la osa, cada uno por una pata, yo trataba de enlazarla por la cabeza. Pero *Dulcita,* mi aplomada y prudente jaca, al ver aquellos colmillos espumantes y aquella mirada hosca se echaba hacia atrás, de manera que tuve que bajarme para examinarla mejor. Era bella como una diosa, más loca que el infierno y rugiente hasta más no poder.

Si alguno de aquellos lazos se hubiera roto y hubiese yo caído en sus brazos amantes, me hubiese exprimido la vida en unos minutos. Pude dispararle dos tiros. Las osas son difíciles de matar, especialmente cuando son corpulentas y tienen cachorros.

Muchos años habían pasado desde que llevé a cabo esa cacería de osos, sin registrar nunca un hueso roto. Heme aquí de nuevo a caballo por estos pantanos alcalinos y colinas rojo púrpura en busca de algo más tangible queja piel de una osa. Infortunadamente la mayoría de las viejas minas habían sido rescatadas por petardistas profesionales. No valían la pena. Tuve que dirigirme al oeste. Tras cruzar el desierto Amargosa llegué al condado de Inyo, en California, en busca de cierta mina de plata abandonada para arrendarla o tomar posesión de ella. Por aquellos días era suficiente otorgar o emitir un millón de acciones para poner luego a los explotadores a sudar, cuando intentaran echar el primer vistazo al precioso lote.

Después de rebuscar mucho por los alrededores llegué a la vieja mina de Payne. Había sido abandonada cuarenta años antes, durante la bonanza de Comstock. Sus propietarios habían llegado más allá de la plata, a ochocientos pies, topándose con sulfito de cobre.

Explorando una abandonada mina de plata y restableciéndose como mina de cobre fue que el famoso Senador C. hizo sus millones. ¿Por qué no podía hacerme yo también unos pocos dólares en la vieja mina de Payne, produciendo cobre, o vendiendo el tesoro de bienhechurías a un mercado voluntario y oportuno?

Tan pronto como concebí mi propósito empecé a trabajar en la mina con Winkelmann, un catador alemán. Winkelmann era no solo un conocedor del terreno sino un vagabundo de alta clase. Lo había recogido en el empalme chino, cerca de Keeler, casi muerto de hambre. El pobre hombre había salido de Louisiana a San Francisco, de polizón en un vagón de carga vacío. El desalmado conductor del tren lo encontró y lo echó afuera, abandonándolo a su destino en pleno corazón del desierto Mohavé.

Allí estuvo vagando muchos días, muerto de hambre y sed, y un mediodía llegó arrastrándose hasta Johannesburgo, al sur de Death Valley. Sus manos estaban llagadas y sus labios partidos en pedazos por las espinas de los cactos que había chupado repetidas veces a fin de calmar su sed.

De allí se fue a Keeler en busca de trabajo. Las terribles torturas que sufrió desequilibraron su mente. Cuando caminaba a través del desierto solía señalar al Sol y gritarle en medio de su agonía: *¡Maldito cobarde, no me estés haciendo muecas de nuevo!*

En un par de días llegamos por fin a la mina. Estaba vuelta un montón de ruinas. Detrás de algunas grúas y malacates en pésimo estado surgió inesperadamente un par de furtivos coyotes en la cercana artemisa. El esqueleto de un caballo, hundiéndose de espaldas a la montaña, palidecía frente al socavón principal, cubierto de espesa maleza.

Parecía un sitio inseguro. Inspeccionamos sus alrededores en busca de algo más firme que nos llevara al centro de la mina. Después de unos minutos descubrimos un socavón vertical cerca de la vieja casa de herramientas. Estaba admirablemente emparedado de madera y por el sonido de una roca de veinte libras a su entrada supusimos que su profundidad no era más de ochocientos pies. La roca, enlodada en su base, demostraba que el túnel estaba inundado. Pero debido tal vez al aire seco del desierto las paredes de madera estaban bien conservadas.

Nos hubiese tomado mucho tiempo deslizarnos por el malacate, por lo que decidimos bajar por una serie de escaleras desvencijadas, claveteadas a la madera lateral del túnel. Era sin duda un camino más transitable para los gatos que para los hombres. Por aquellos días mi deporte favorito era arrastrarme sobre mi vientre en altos arrecifes en busca de ovejas salvajes. Winkelmann era un alma optimista al decir que si las cosas estaban hechas con método no había por qué temer.

De común acuerdo amarramos nuestros caballos a la casa de herramientas. Colgamos los martillos de nuestros cinturones y cada uno armado de una vela amarrada al sombrero, empezamos a explorar el terreno. Yo iba primero, veinte yardas delante del catador. Debo haber estado tal vez a cien pies debajo de la superficie cuando un estallido sobre mi cabeza casi hace explotar mi corazón.

Antes de que pudiera saltar dos peldaños vi con horror que la parte superior de la escalera se desprendía lentamente de la pared de madera y caía con estruendo contra la pared opuesta, dejándome suspendido en el aire como un acróbata. Mi vela se había apagado. Una oscuridad insondable surgía bajo mis pies.

Afortunadamente no perdí la cabeza. Pude gritarle a Winkelmann que tuviera cuidado. Apreciando en un segundo la situación él saltó fuera del túnel tan pronto como pudo. En tiempo récord regresó de la casa de herramientas con un cordel del cual ató una punta a una base exterior mientras me lanzaba la otra punta atada a un garfio. Difícilmente pude agarrar el garfio con mi mano entumecida, sosteniéndome de la escalera con la otra mano apoyada en una pierna que metí entre dos peldaños.

En aquella posición estuve chapuceando por segundos que me parecieron horas. Trataba de anudar el lazo alrededor de mi pecho, debajo de mis brazos, pugnando por encontrar apoyo en la escalera con mi mano izquierda.

Terminaba de arreglar el nudo alrededor de mi cuerpo, asegurándolo con el gancho, cuando los dedos de mi mano izquierda cedieron enteramente y caí. El lazo estaba flojo y me sentí volando entre la sombra hacia el fondo inundado del pozo. El tiempo pasaba lento y trágico. Me parecía ya tocar las aguas fangosas y romperme la nuca cuando sentí milagrosamente el súbito ajuste del lazo a mi cuerpo, quedando de pronto rígido en el aire.

Con un tremendo esfuerzo de mis músculos magullados empecé a subir lentamente, trepando con los pies a lo largo de la resbaladiza madera de la pared del pozo. Alcancé la cima y caí desmayado a plena luz del Sol.

Creo que esta experiencia fue el gran remedio contra la manía de buscar cobre en una mina de plata por el solo afán de hacerme rico.

## VII. Al sur de la linea fronteriza

Cuando el viento se llevó la bonanza aurífera de Nevada yo desaparecí con ella. A mi izquierda solo tenía mi caballo pura sangre y para mí tenía más valor en aquel momento que todos los millones de oro de Nevada. Toda una manera de vivir, edificada sobre altos cerros de papel se vino abajo entre lamentos y cenizas. Y yo, que también había sido un millonario de papel, tuve una gran sensación de seguridad cuando me dieron por mi caballo ochocientos sólidos dólares en oro.

Después de arreglar mi cuenta en el Club Montezuma de Goldfield y en diversos restaurantes y cabarets me encontré en posesión de una honestidad a toda prueba. Quinientos dólares para empezar una nueva vida. Parecía estar emparentado con el gato tradicional, dotado de nueve vidas, que puede proporcionarse el placer de caer de una alta ventana y encuentra fácilmente su camino en la acera, como si nada hubiera pasado.

Después de haber salvado mis huesos en las ruinas de Nevada me encontré confortablemente instalado en el salón de recibo del hotel Green, en Pasadena, California, interrogándome a mí mismo sobre mis próximos planes. Estando por el momento hambriento y no teniendo un programa inmediato, me fui a almorzar. Al entrar en el comedor tropecé de paso con un distinguido caballero mexicano, quien se excusó cortésmente, aclarándole que era por mi culpa. Después del almuerzo no teniendo nada que hacer me fui de nuevo al salón de recibo. El caballero mexicano se acercó a saludarme. Cambiamos algunas cordiales e insignificantes frases y nos dirigimos hacia el bar. Antes que terminara el día nos entendíamos como viejos amigos. Se llamaba Ricardo Flores Magón. Ranchero y revolucionario. Exilado por Porfirio Díaz. Me comunicó que antes de conocerme había oído vagamente mis aventuras en Cuba, Alaska y Venezuela.

Como yo iba para El Paso al día siguiente Flores Magon me previno que estuviera listo para tomar parte en la gran revolución que se avecinaba. Acepté de inmediato, sin suponer nunca esa gran posibilidad. Díaz tenía en el poder más de treinta años. Su brazo parecía más fuerte que nunca. Don Ricardo se despidió de mí, asegurándome que pronto nos volveríamos a ver. Realmente lo deseaba, pero no lo creía.

Tenía apenas unas horas en El Paso cuando me encontré con Pepe Fuentes, ahora oficiando de mesonero en uno de los numerosos cabarets que se alinean en el estrecho del Diablo, en Juárez. Su abuelo había comandado una revolución en Ecuador y casi había llegado a presidente, si no hubiese sido asesinado pocos minutos antes de tomar posesión *de facto.* Pepe no obstante ser un adepto en todas las artes tortuosas de ganarse la vida, sentía un hondo anhelo en su corazón de ser respetable. Había perdido la esperanza de lograrlo por el trabajo laborioso, pues no tenía talento alguno para ejecutar un honesto oficio que fuera bien remunerado. Poseía en cambio eminentes facultades para hacerse rico súbitamente, con un poco de buena suerte. El plan de su vida era intentar alguna grande e inadvertida felonía. Luego seguir de honesto, amable, caritativo, generoso por el resto de sus días, hasta hundirse en un honorable sepulcro. Sentía un gran respeto por los anhelos de Pepe. Siempre estaba deseoso de ayudarle a conseguir un trabajo decente o de ponerlo en el camino de la respetabilidad. Por ahora quería ofrecerle una gran oportunidad... ¿Quería unirse a mí en calidad de teniente para *proceder con energía* en operaciones a lo largo de la frontera? Se bebió de un sorbo el tequila. Llegamos a un entendimiento cerca del puente. Estaba a mi disposición. Me informó que el gobernador Cachazas, tenía en el estado de Chihuahua más ganado del que jamás había comprado, comido, contado y soñado. Esto era nuestra salvación. Incliné la cabeza en señal de asentimiento. Le prometí encontrarlo aquella noche en Juárez para coordinar nuestras fuerzas.

En la Torre del Diablo enredamos cinco compañeros más, todos miembros de mi vieja guardia de Nueva Lizón. Se decidió que Pepe Fuentes y los cinco mexicanos *tomaran en préstamo* siete jacas ensilladas y las tuviesen listas en el corral de El Jarabe Tapatío, un lugar de dudosa reputación en las afueras de la ciudad.

Aquella noche gocé por última vez un tranquilo sueño en el muelle lecho que había disfrutado por varias semanas en el hotel Bravo, de El Paso. Por la mañana temprano un peón llevaba mi equipaje a El Jarabe Tapatío. Horas después, tras un sueño reparador, se me adjudicaba allí mi nueva indumentaria. Me transformé en un charro mexicano con sombrero ribeteado en plata, chaqueta corta, pantalones acampanados y tintineantes espuelas. Pepe esperaría por mí en el bar con Mike O'Reilly y Jimmy Sears, dos miembros del viejo equipo que habían demostrado un sincero deseo de unirse a nuestra empresa. Ambos eran vaqueros por tradición, mineros por necesidad y aventureros de nacimiento. Los recibí con lo poco que tenía y salieron a buscar los caballos.

Pepe y yo salimos de Juárez sin inconveniente alguno. Cruzamos el arenal al este de la Sierra del Fierro, donde nuestros compañeros nos esperaban. Antes de partir, no pude resistir la tentación de visitar a mi viejo amigo, el comandante de Juárez, un cojo de gran corazón, que tenía por sobrina a una beldad de ojos negros a quien era grato contemplar. Un irónico accidente le había sucedido al viejo comandante con su sobrina. La chica era más vivaz e independiente que la mayoría de las damas mexicanas. El comandante pensó que lo mejor era enviarla a un colegio en Estados Unidos, para limarle aquella libertad ganada en el desierto mexicano. El pobre parecía ignorar que Estados Unidos no es exactamente el sitio para enseñar una mujer a contener su libertad. La muchacha retornó más independiente que nunca y con avanzados conocimientos. Ahora podía explicar por qué debía ser independiente, discutir con inteligencia el asunto y además salir con la razón. Mi amigo el comandante era como un pobre instrumento entre sus manos.

María Luisa había hecho algo ahora que yo no esperaba. Mostró deseos de unirse a nuestra expedición. En deferencia para mi viejo amigo me negué rotundamente a ello. Aparentemente pareció comprender. Secretamente yo estaba deseando que se nos uniera, pues aparte del encanto de su compañía, podía ser una garantía para que todas las fuerzas enviadas en mi persecución desde Juárez perdieran nuestra huella.

Hasta altas horas de la noche estuve en el campamento con mis compañeros de Sierra del Fierro, una hilera de polvorientas colinas que se levantan como una isla fuera del desierto. Hicimos nuestros planes inmediatos, contamos cuentos bajo la llama ardiente y titilante de nuestro fuego de campamento hasta que nos quedamos medio dormidos.

Muy temprano en la mañana envié a Mike O'Reilly con tres mexicanos al cañón de Santa Catalina en las Montañas Corotos, al sur de la frontera y al este de la pequeña línea de ferrocarril de la ciudad de Carrizales. Tuvieron que organizar la vieja cueva de adobe y el corral. Este sería nuestro punto central de operaciones. Pensábamos dar la impresión de que nuestro cuartel general estaba en Sierra del Fierro. Como estábamos urgentemente necesitados de dinero, tuve que explorar los alrededores con el resto del equipo buscando ganado extraviado para *pedirlo en préstamo.*

De común acuerdo nos dirigimos al sur de la Laguna de Patos, una ancha laguna poco profunda, donde estaban los principales ranchos del gobernador Cachazas. A la mitad del camino nos encontramos con algunos animales —alrededor de doce cabezas— cuya pelambre amarilla se divisaba orgullosa en la brillante luz del Sol sobre las amarillentas dunas de arena. Empezamos por cerrarles el camino, abriéndonos todo lo ancho que pudimos. El ganado se dispersó y corrió velozmente hacia las dunas. No podíamos verlo ahora en total sino uno que otro en la distancia. Ignorábamos si corrían juntos, o cada uno por su lado, o si estaba más allá de nuestras posibilidades agarrarlo.

Nos aproximamos con cautela, para impedir que se levantara una nube de polvo. Tal como estaban las cosas no teníamos seguridad de enlazar más de dos o tres. Aquello no valía la pena. Moviéndose uno a través de México en expediciones de persecución de ganado es necesario tener dinero a la mano para solucionar las más ingentes necesidades. De otra manera *un cuatrero* puede ser confundido con un político y pierde la simpatía del pueblo.

De pronto una pequeña columna de polvo se levantó de las dunas lo suficiente como para revelar el pase de los novillos. Decidíamos entonces asustarlos con gritos y disparos, de modo que se detuvieran y pudiéramos localizar el rumbo que llevaban. Cuando el polvo empezó de nuevo a remolinear, nos dimos cuenta que iban más unidos de lo que pensábamos. Les cerramos el paso. Salimos a una hondonada a la altura del desierto, una especie de cráter de arena rodeado de dunas, fuera del cual se levantaba ahora el brillante polvo de la planicie de Chihuahua como una bocanada de humo.

Allí encontramos los doce novillos. Pero la victoria no era solo de nosotros. Mientras nos deslizábamos por las dunas, con la arena picante en nuestros rostros, María Luisa, la sobrina del comandante de Juárez, ya estaba enlazándolos. Cuando llegué a su lado, perplejo y aturdido con mi sombrero en la mano, ella me recibió diciendo:

*Acabo de pedirlos prestados al gobernador Cachazas y se los doy a ustedes como compensación por obligarlos a mi desagradable compañía.*

Naturalmente María Luisa se volvió un miembro de nuestra expedición y ello nos aseguró por lo menos el alejamiento de los gendarmes de Juárez.

Contábamos también con la discreta ayuda de algunos de los vaqueros de Chachazas, buenos amigos nuestros. Cuando Mike O'Reilly trajo al siguiente día algunos de ellos a mi supuesto cuartel general en Sierra del Fierro, nos aseguraron que nos mantendrían informados sobre el desarrollo de los acontecimientos, suministrándonos caballos frescos en caso de necesidad. Mientras se llevaba a cabo esta conferencia, Sears y María Luisa conducían juntos el ganado hacia el norte, para introducirlo en los Estados Unidos, en un lugar entre El Paso y Paso de Águila. Dispondrían de éste en rápido y provechoso negocio con gente bien conocida de Jimmy. La presencia de María Luisa protegía a Sears de cualquier encuentro adverso con las autoridades mexicanas.

Dos de los vaqueros de Cachazas permanecieron conmigo, elevando a diez el número de mis hombres. Lo suficiente para iniciar operaciones en confortable escala. Como uno de mis nombres llegó aquella noche al cañón de Santa Catalina, con noticias de que todo estaba allí perfectamente bien, mi equipo se declaró ya listo para empezar.

Pasamos el resto de la noche fuera del desierto. El cielo estaba cubierto de tantas estrellas que ni los ángeles podrían divisarnos. Solo un punto de vigilancia quedaba atrás para indicar a María Luisa y Sears el camino del cañón.

Los ranchos del gobernador Cachazas estaban estacionados entre la Laguna de Patos y el Colorado, principal cañón de Santa Catalina, que toca a Juárez-Chihuahua por el ferrocarril del oeste. Teníamos que levantarnos de madrugada para dar un rodeo y llegar pronto a la montaña donde la marca de hierro de Cachazas debía ser borrada. Este era un golpe osado. Tenía que ser ejecutado ante los rurales —la altamente eficiente gendarmería montada de Porfirio Díaz —que se dio cuenta de nuestras operaciones. Como medida de protección, cuatro de los vaqueros capataces tenían que ir con nosotros para darle a la maniobra una simple apariencia de trabajo rutinario, en caso de necesidad.

Como la previsión era el éxito de la empresa, envié a O'Reilly y cuatro hombres más a buscar ganado extraviado, rondando la entrada este, en el sitio más lejano al sureste del cañón. Parecía una cosa tonta, totalmente inocente pero la utilidad importante de este plan la comprobamos al siguiente día. No estaban allí para defender aquel ganado de los rurales o los capataces, sino simplemente para abandonar y cuidar sus vidas, tomando la dirección de la frontera en caso de persecución.

Tal como recuerdo, no esperamos que llegara la madrugada para iniciar nuestro ataque. Empezamos mucho antes. Antes de que las estrellas se tornaran de azules en doradas ya estábamos en nuestro puesto trabajando como condenados. Cuando pasaron a platinadas teníamos en pie varias compañías de carne de ganado. Bajo el último lucero arropado por los rayos del Sol, el gran coordinador del espacio, íbamos en camino hacia el corral de nuestro cañón. Entonces observé una alta y delgada columna de polvo moviéndose lentamente en el horizonte. Con la velocidad con que advertí a mis compañeros así desapareció de nuestra vista. Supuse que era algún solitario caballero que habiéndonos divisado galopaba de vuelta a informar.

Por lo tanto, apresuramos nuestra marcha gritando y animando el ganado a un lento trote. Antes de que los *rurales* aparecieran ya habíamos empujado toda la manada dentro del cañón y tomábamos posiciones para mantener alejados a los hombres de Díaz el mayor tiempo posible.

Parecían en conjunto cuarenta *rurales* los que llegaron volando en una nube de polvo. Antes de llegar al alcance de un tiro de fusil se dividieron en grupos de dos o tres y empezaron a acercarse con cautela. Usaban la prudencia. La entrada del cañón estaba protegida por grandes peñascos, detrás de los cuales un hombre podía inhabilitar a varios *rurales* y conservarse protegido.

Empezamos a hacer tiros contra ellos, no con el propósito de atacarlos sino de demostrarles nuestra posición. Estaban demasiado lejos. Pronto nos dimos cuenta que se iban distanciando tanto que casi habían desaparecido. Solo dos pequeños grupos se mantuvieron al alcance de nuestra vista. Esto me puso algo perplejo. Sus maniobras eran exactamente las que yo hubiera hecho en su lugar. Lo único que sabía era que nunca podría encontrar el corral situado en la garganta de la sierra, si no tenía un previo conocimiento de éste. Los caminos que iban hasta allí eran en pendiente y llenos de piedras. Ninguna huella de caballos o ganado quedaba impresa, y la entrada estaba ya cerrada a toda incursión. Suponía que los rurales estarían recorriendo la sierra, que no tenía más de cuarenta millas, con la esperanza de asegurarse que no la abandonaríamos. Pero al hacerlo perdían contacto el uno del otro. Por lo tanto dejé que tres de mis hombres se perdieran en el horizonte y seguí el ganado con el resto.

Hacia el sur del cañón la sierra se levanta más allá del límite del bosque, dejando visibles por cientos de millas sus cimas rojas sobre estas tierras pastoriles, a través de la ardiente luz del Sol del desierto. El bosque parecía un enorme campamento de altas y estrechas tiendas, con torres delgadas y gigantes. Al llegar al bosque la sierra se rompe en complicadas hondonadas, cortadas en sólidas rocas y aisladas manchas de vegetación. A medida que las montañas ondulan hacia el norte va borrándose la vegetación hasta convertirse en un cataclismo de llameantes rocas. En esta sierra se puede viajar millas y millas sin asentar el pie en un metro de tierra.

Sobre este pesado y silencioso terreno llevamos nuestro ganado, no dejando huellas a nuestro paso. Por la peculiar posición de nuestro corral en el centro de la hondonada que se abría como una cueva, me sentía perfectamente seguro de que podíamos mantener a los rurales alejados de nosotros. Yo bien sabía que ellos no se aventuraban dentro de la sierra. Mis hombres se mantenían disparándole a los zamuros, probablemente para salvar a los rurales de un apresurado entierro. Todo se hubiera complicado más si los rurales se hubieran decidido a reunir suficientes fuerzas como para patrullar el pie de la montaña de norte a sur y de este a oeste. Nuestro destino a ese respecto estaba en las manos de Mike O'Reilly. Si se comportaba como un cobarde y huía de una manera definitiva, podríamos preparar nuestra retirada. Seríamos sometidos a un largo sitio y al final, hasta podríamos terminar ahorcados.

Cuando llegué al corral, trayendo la retaguardia de mis hombres, el trabajo del herraje ya había comenzado. Una caliente y roja sartén hirviendo le era aplicada a la marca de Cachazas para borrarla. Luego se frotaba con grasa para estimular la salida del pelo. Entonces se procedía a herrarlos con mi marca. Fue un cuadro dramático el que vieron mis ojos, en medio de los bramidos del ganado y el canto y maldiciones de los hombres. La hondonada era estrecha y profunda, cerrada completamente con paredes de rocas hasta la cima, dejando solo visible un rayo de luz. Muchos de los herrajes habían sido iniciados. Sobre las rojizas paredes las sombras de los hombres y las bestias se confundían en posiciones fantásticas. Una punta de la ciega hondonada había sido cercada para impedir que saliera el ganado. Nuestros hombres trataban de rodar más peñascos a fin de fortalecer nuestro escondrijo.

El cielo oscureció. Apareció un círculo de estrellas. El herraje estaba ya muy adelantado. Matamos una res para comer. No se oyeron más tiros hacia el oeste. Solo una débil crepitación se escuchaba en dirección opuesta. Toda la noche se mantuvo activa. Por la mañana uno de mis hombres que fue con O'Reilly regresó a informar que su grupo había enlazado cerca de cincuenta cabezas, que traían lentamente hacia la entrada del cañón. Este había permanecido sin vigilancia desde antes del crepúsculo. Ello fue motivo para que llegaran los rurales y O'Reilly, aparentemente desprevenido se vio obligado a dispararles. Tan pronto como subió el día, O'Reilly emprendió la salida del cañón con todos sus hombres excepto el mensajero, dejando que el ganado extraviado cayera en manos de los rurales. Un hombre resultó muerto, los demás se perdieron en dirección a Coahuila. El hombre que había traído este parte había visto los rurales a la entrada del cañón.

Era exactamente lo que me gustaba oír. Los rurales creerían que habíamos penetrado en el cañón por el oeste y se habían adelantado para tratar de bloquearnos por el este, antes de que pudiéramos rondar la sierra. No habíamos tenido tiempo de hacerlo y sintiéndonos atrapados habíamos tenido que abandonar el ganado para salvar nuestras vidas. Siempre basta un pequeño detalle para vencer un peligro. Los rurales estaban ahora en posesión de ese pequeño detalle necesario, para ponerlos completamente fuera de nuestra huella. De Mike O'Reilly sabíamos que se aparecería un poco más tarde más allá de la frontera, completamente arruinado y despreocupado, pidiendo su parte en el gran negocio de ganado llevado a cabo. ¿Y por qué no?

Por aquellos días los cuatreros eran regularmente distinguidos caballeros deportistas que cruzaban la frontera, a lo menos en lo que se refería a los vaqueros del lado sur. No cabía duda de que el alto espíritu del deporte actuaba a través de estos pocos hombres que se imponían la tarea de conducir a cientos de animales a través de las vastas llanuras y desfiladeros del desierto. Algunas veces cabalgando por semanas una angosta vereda, escapando de la vigilancia bajo un cielo abierto, aventurando ser colgados del árbol más cercano. Era una fortuna cuando el árbol se encontraba algo distante, como para darle tiempo al hombre de pensar, de rezar sus oraciones, de sobornar a sus captores. De escapar.

La más oscura y menos deportiva parte del juego era el herraje del ganado antes de aventurarse a salir con éste a plena luz. La operación era dolorosa, molesta, poco heroica. Tomaba una larga e inactiva espera. Esta empresa de adultos, de hombres enérgicos encerrados dentro de un oscuro cañón u hondonada —casi una cueva si no hubiera sido por una mínima abertura que permitía el paso del Sol— esperando que al ganado le creciera el pelo, era ciertamente deprimente. Casi insoportable. Muchas veces nos sentíamos tentados a abandonarlo todo y de salir a la llanura hacia la frontera (a pesar de estar ya transformado el ganado con nuestra marca). Pero necesitábamos dinero. Prevalecía la más fuerte opinión. Pensábamos sin embargo que igualmente podíamos cuidar nuestras vidas.

María Luisa, que era una maravilla bailando el fandango y cantando baladas de los indios mexicanos, hubiese hecho agradable nuestra espera, pero pensé que era mejor que no hubiera mujer entre tantos nombres solitarios, y además tan sentimentales. Hubiera tenido demasiadas propuestas matrimoniales. Le envié un recado para que me esperase en Juárez, o en El Paso, si no quería que su tío supiera dónde estaba.

Le tomó varias semanas al ganado para estar listo. Ese fue el momento cuando después de patrullar personalmente todo el lado norte, decidimos salir de la sierra, no a través del cañón, sino a través de la ciudad.

Diez días después habíamos cruzado sin novedad la línea de Coahuila, dentro de los Estados Unidos. En breve tiempo el ganado se había convertido en dinero contante en un rancho entre Eagle Pass y Coralitos. Durante la larga, exasperante y jadeante marcha desde la sierra a la frontera, muchas aventuras de menos interés me pasaron. Solo una merecería ser contada, por lo demás no fuimos molestados. Un pequeño grupo de bandidos, colegas, o tal vez soldados del gobierno, vino hacia nosotros un día. Querían pedir prestado un par de novillos para carne y despreocupadamente los dejamos que se valieran por sí mismos. Inclusive los vimos cuando asaban alegremente un enorme muslo detrás de un gigantesco árbol *Yoshua.*

Operaciones de esta clase continuamente nos ocuparon por varios meses. A intervalos, entre aquellas expediciones, me iba por las calles de El Paso elegantemente vestido, como convenía a un próspero minero americano. O comía a veces en el Country Club con María Luisa, o en algún deslumbrante cabaret de Juárez, gozando de mi prosperidad. Mis hombres cuando me encontraban se hacían los desentendidos, como si nunca me hubieran visto. Solo que cuando al pasar cerca de ellos ajustaba mi corbata, quería decir que nos encontraríamos esa noche en la lavandería de John Lee, para una conferencia. John Lee era un chino que tenía negocios de tabaco y que ocasionalmente podía servirse de la ayuda de mis hombres. Se había también americanizado y mexicanizado hasta el punto de preparar un caliente *chile con carne chow mein,* que a menudo ofrecía a sus amigos en su cuarto, rociado con tequila, entre humo de incienso y aroma de ropa sucia. El aseo, decía a menudo John Lee, usando más L y S de lo necesario, está cercano a la santidad y no produce mucho. Razón por la cual descuidaba su oficio y se mostraba entusiasta por otros negocios.

Muy a menudo era uno de mis hombres quien me pasaba la *contraseña.* Significaba que había jugado su dinero y necesitaba un préstamo. Siempre les daba lo que querían. En la empresa en que estábamos comprometidos no era posible fijar salarios ni dividendos.

Hay algo en la naturaleza humana que nos hace disfrutar de una doble personalidad. Tal era mi caso. Si se puede ser solemne por un momento, la insatisfacción con la vida que me había sido asignada en la gran casa contable del destino y el inútil sentimiento de sentirme prisionero de mí mismo, conservando la misma íntima personalidad por un tiempo demasiado largo. De todas maneras no dejaba de gozar con la curiosa alternativa de mi suerte y sus derivados. Hoy hablaba de política americana con el gobernador de Texas, mañana hacía conocer a un par de senadores de Estados Unidos los explosivos y deliciosos *enchilados* de un café mexicano, dirigido por un chino y financiado por un americano. Otra noche estaría masticándole la ropa a John Lee y dos días después estaba arreando ganado cien millas afuera, sucio y sudoroso, pero tan feliz como un estudiante escapado de clases.

Cierto día, cuando el Sol se levantaba sobre el anillo de un mundo angustiado y jadeante, bajo la niebla caliente de la llanura mexicana, descubrimos que no éramos los únicos que sacudíamos el polvo bajo aquel cielo. Íbamos hacia Carrizales para una investigación. Preferíamos estar solos cuando de pronto una columna de polvo flotó bastante cerca. Nos llenó de preocupación. Era evidente que trataban de acercarse. Preparé a mis hombres para una batalla contra quien fuera, si la diplomacia no era suficiente. No cabía duda de la dirección que el polvo llevaba. La columna fue disminuyendo. Pronto estuvo frente a nosotros un grupo de charros que se nos aproximaba a un trote uniforme. Un hombre de barba blanca iba a la cabeza. Aquel caballero, según descubrí tras mis anteojos larga vista, no era otro que el mismo gobernador Cachazas en persona, el antiguo propietario de la mayoría del ganado que habíamos estado negociando.

Siendo el gobernador Cachazas un viejo amigo mío retardé el paso y bajé un poco mi revólver. Los amigos deben ser recibidos cortésmente, pero es bueno recordar que de la misma manera que un vino añejo hace un vinagre nuevo, las amistades viejas frecuentemente son excelente materia prima para forjar nuevos enemigos.

Desde el minuto en que el gobernador me reconoció se vino hacia mí, me tendió la mano y la apretó fuertemente. Estaba muy amable. Parecía muy interesado en mi buena estrella. Empezó inquiriendo, de benevolente y paternal manera, dónde había obtenido todo aquel hermoso ganado que según rumores había estado vendiendo en Paso de Águila.

Estando seguro de que Cachazas tenía una sospecha definitiva sobre mis aventuras y, sabiendo que un buen mexicano siente más respeto por la osadía que por protestas sobre la moral, decidí agarrar el toro por los cuernos, o al gobernador por sus barbas. Sonriendo cínicamente le dije:

*Pero gobernador, creí que usted sabía...*

*¡Yo! ¿Tengo que saberlo?*

*Naturalmente. Usted debe pensar que la mayoría de ese ganado es suyo y que lo hemos tomado en préstamo. De otra manera usted no me hubiese dejado tomarlo.*

El gobernador me miró de arriba a abajo. Admiraba mi descaro y estimaba las potencialidades de lucha de mis hombres.

*Usted no puede convencerme* —manifesté en el mismo tono de chanza— *que no goza de todo el poder para impedir el negocio, si lo hubiera querido. Porque, gobernador, usted...*

Cachazas explotó en una carcajada y palmoteando mi hombro agregó como patrocinándome:

*Muy bien hecho, muchacho. Así empecé yo. Pedí prestado un ganado y luego envié el cheque al propietario. Naturalmente,* —aclaré—. *Eso es precisamente lo que pensaba hacer, tan pronto esté de vuelta a El Paso.*

*Está bien. Cualquier momento da lo mismo.*

Y el gobernador siguió riendo a medida que se alejaba. El momento tenso había pasado. Cachazas seguramente había calculado la oportunidad de una batalla, encontrándola desventajosa para él. Después de todo ¿por qué debía meterse en una inútil riña, si todo lo que tenía que hacer era mostrarse amable, despedirse y luego enviar su gang de rurales detrás, de mí? Ahora sabía cuántos éramos, cómo íbamos armados y dónde podría encontrarnos en las próximas veinticuatro horas.

El incidente, naturalmente, llevó el juego hasta el final. Cachazas no era ningún tonto y ahora que sabía con quién se las estaba entendiendo no tardaría en hacerse sentir como era necesario. No pasarían más de dos horas sin ver desarrollarse contra mí una implacable y eficiente persecución. Por lo tanto, cabalgué con mis hombres hacia el oeste por unas pocas millas. Mandé a hacer alto detrás de un altosano, los desbandé con instrucciones en todas las posibles direcciones que llevaran a El Paso, donde debíamos encontrarnos en el lugar de John Lee. Cuando nos dividimos, el gobernador debió haberse quedado perplejo mientras miraba en el horizonte catorce remolinos de polvo batidos por la brisa, preguntándose inútilmente cuál sería el de Nogales.

Yo seguí hacia el noroeste, bebiéndome el tiempo tanto como mi caballo me lo permitía. Calculaba dos días para estar en la frontera, lo cual sin embargo, necesitaba cruzar, al este de El Paso, aquella misma noche. Cuarenta y ocho horas más tarde desperté a una impresionante distancia de la frontera. Había pasado la noche tiritando bajo mi chamarra, justo en el centro del círculo del horizonte. Cuando se es perseguido por un poderoso y tenaz mexicano, como era el gobernador Cachazas, lo mejor era evitar que nos siguieran las huellas. Había cabalgado huérfano de árboles, pastos, lagos, fuentes, andando por arenales y mezquitas, donde podía ser encontrado por casualidad pero no por un plan determinado. Mi alforja contenía solamente cinco pedazos de cochino salado. Todo el alimento para un viaje relámpago a través del desierto. Mi cantimplora estaba secándose. Mas, no le temía al hambre ni a la sed, como tampoco a hombres a caballo. Lo que me inquietaba era el telégrafo. Era de presumir que ya Cachazas habría telegrafiado a toda la frontera. Tendría que hacerle frente a una línea bien patrullada.

Se siente uno terriblemente solo bajo cielos abiertos, pero también hay un sentimiento de fuerte seguridad cuando se pueden encontrar árboles y paredes. La amplia llanura, donde uno puede ser descubierto o perseguido, también protege contra la traición. Abro mi alforja lentamente, casi con placer sibarita, mirando a mi alrededor la luz ascendente. Estoy completamente solo. Únicamente tres desamparados árboles, hacia el este, son mi única compañía dentro del horizonte.

Pensé que era mejor no almorzar. ¿Cochino salado, especial para la sed, contando con tan poca agua? Un hombre prefiere más bien estar hambriento a sediento en el desierto, como en los países de ley seca. En lo que se refería a aquel manjar, me daba lo mismo que comer galletas en la iglesia. Decidí avanzar sobre el mezquite a un trote veloz.

Cuando el primer rayo de Sol empezó a azotar mi rostro y mis espaldas, me di cuenta que ya no estaba solo. En dirección a los tres árboles surgió un considerable grupo de hombres a caballo. A distancia parecía que estuvieran inmóviles, pero al medio minuto que estuve parado observándolos, el bulto se expandió y el oscuro remolino que los envolvía se infló como una nube tempestuosa traída por el viento. Eran por lo menos cien hombres. A pesar de que sus movimientos parecían moderados, se veía que galopaban como locos. No estaban todavía al nivel de mi revólver, por lo que no me quedaba otro recurso que correr como un condenado. Fue exactamente lo que hice.

Mi caballo pinto era un gran deportista y se había connaturalizado con la arena a una velocidad pasmosa. Por espacio de una hora pude mantener a mis perseguidores a una distancia respetable, pero pronto los tuve a mis talones. No podía denigrar de mi caballo. Dos días de alimentación con mezquite tostado al Sol podían hacer veloz a un caballo, pero no resistente. Yo mismo sentía una especie de angustia en la boca del estómago. De pronto recordaba, con esa grotesca lucidez creada por el peligro y la fatiga, que tenía sed...

Mi situación era crítica, prácticamente ya era hombre muerto. La frontera no estaba lejos, pero seguramente que estaría patrullada, de modo que no era prudente aproximarme a ella *a cochite hervite,* como lo estaba haciendo. Mi caballo corría como un demonio, por el tonto instinto de posponer mi muerte de las nueve para las diez. Era tan cierto como la salida del Sol que iba a ser bloqueado o alcanzado en menos de una hora.

Una rápida mirada sobre mis hombros me demostró que los hombres se esparcían como un abierto abanico. Cualquier desviación de parte mía, de mi dirección norte, me llevaría más pronto a ellos. Curiosamente empecé a coordinar mejor. Recordé la helada ensalada de camarones que había comido en el hotel Bravo, de El Paso, y la alta copa de cerveza que acostumbraba tomar sobre el pulido bar del Café Juárez, durante un asfixiante mediodía. Ambas cosas aparecieron vividas a mi mente. Hasta el traje blanco y negro, que María Luisa llevaba en el último baile del club, vino a mi imaginación. Eran pensamientos locos, por supuesto.

Mi caballo tropezó y yo rodé con él, enterrándome en un montón de arena. Estaba aturdido y antes de que pudiera ponerme en pie, dos hombres ya estaban a mi lado, sonrientes, desarmados, vestidos con el garbo de ricos rancheros. Trataba difícilmente de encontrar una explicación. Me preguntaba por qué habían venido hacia mí estos hombres —según recordaba vagamente— por más de cien yardas afuera. Por qué estaban ahí, después de todo, tan tranquilos. No eran rurales y parecían guardarme cierta consideración.

*Buenos días, señor,* díjome uno. *¿Por qué anda tan deprisa? Somos sus amigos.*

Les pregunté qué deseaban. Mi pregunta era todavía más loca que la ensalada de camarones, la copa de cerveza y el traje de María Luisa.

*Pues que nos ha enviado su viejo amigo el general Flores Magón —don Ricardo— para cuidar de usted. Como usted le prometió unirse a la revolución y no sabe dónde encontrarlo ahora que él está en armas venimos a indicarle el camino. Uno de sus hombres supo que nosotros somos amigos de don Ricardo y nos dio su pista.*

A mi solicitud por una más explícita información, el ranchero que había hablado primero me contó que la revolución contra Porfirio Díaz era ya un hecho, que Flores Magón estaba sobre Chihuahua, con fuerzas divididas en guerrillas, y que don Ricardo les había pedido que se pusieran a mis órdenes. Parece que don Ricardo se había dado cuenta de que mi gran conocimiento de toda la región central fronteriza me hacía el jefe revolucionario ideal en aquellos parajes.

*¿Y qué clase de revolución es ésta?*, pregunté muy razonablemente, suponiendo que podía dejar allí colgada mi cabeza.

*Pues una revolución socialista, señor.*

*¿Qué?*

*Sí señor, el pueblo quiere sus tierras. Les han sido robadas por don Porfirio y sus secuaces y el pueblo las reclama. Es muy sencillo.*

El otro ranchero me manifestó claramente que la invitación que había recibido era como para no ser rehusada.

*¿Qué podríamos hacer nosotros si rehúsa? Le hemos dado nuestra palabra a don Ricardo para escoltarlo hasta su cuartel general, y no podemos decepcionarlo. Don Ricardo lo estima a usted altamente.*

Nada podía contra aquellos corteses métodos violentos. Además era cierto que le había prometido a Flores Magón unirme a la revolución. De nuevo mi negocio de ganado se arruinaba y volvía a ser el caballero andante siempre dispuesto, desinteresadamente, a actuar en una causa noble. He aquí el motivo que me arrebató de una manera tan extraña del centro del desierto. Ante tan eficiente y compulsiva cortesía, acepté.

## VIII. Botas y espuelas

De la persecución más o menos intensa, por robo de ganado, me vi lanzado de una manera inceremoniosa —mejor dicho, ceremoniosamente— dentro del primer movimiento revolucionario que iba a durar por más de veinte años, y traería una completa transformación en las costumbres, la civilización y el destino de México. No sospeché nunca, cuando fui alcanzado en el desierto de Chihuahua por los corteses, pero firmes emisarios de Ricardo Flores Magón, que yo iba a ser el instrumento para acometer la más violenta revolución que ha brotado de este lado del Atlántico desde la guerra de la Independencia.

Sí. Así fue. Chihuahua ya estaba en actividad con pequeñas guerrillas, de día y noche mantenían ocupados a los rurales; esa fue probablemente la razón de las facilidades que encontré para progresar en mi negocio de ganado. Flores Magón estaba en cierto lugar de la sierra, intentando coordinar el movimiento de sus hombres, pero debido a la falta de comunicaciones no lograba seguirles la pista. Mucho del éxito de la aventurada campaña tendría que depender de la iniciativa y la audacia de los jefes en el terreno. Fue por esta poderosa razón, así se me explicó, que don Ricardo había mandado a solicitar mis servicios, tan pronto sus operarios se extendieron por el norte y el centro de la región de Chihuahua.

En menos de cinco minutos fui transformado de un hambriento y sediento fugitivo, que galopaba a velocidad para posponer por pocos minutos la hora de su muerte, en *un jefe expedicionario* de los revolucionarios de Chihuahua que para ese momento eran más de cien hombres bajo mi inmediato mando. Mis captores, Jiménez y Oviedo, se pusieron a mis órdenes demostrando prontitud para realizar todos mis proyectos, con excepción del posible deseo de retractarme. A poco los aprecié como dos honestos rancheros inteligentes, generosos, que habían sido incitados a la revuelta por la intolerable arbitrariedad del régimen de Díaz. Todos estaban exaltados con el ideal de la revolución. Pero a pesar de que sabían cómo luchar personalmente y en pequeños grupos, se sentían incapaces para dirigir con éxito los grandes movimientos.

Mientras caminaba con ellos para unirme a la tropa que había sido lanzada a perseguirme bajo su dirección, me contaron cómo habían seguido mis huellas en el desierto. Se habían encontrado con no menos de seis de mis hombres, después que nos desbandamos, y al explicarles a ellos lo que se estaba preparando, los obligaron a revelarles la dirección que llevaba para realizar mi escapada. Cuando me uní a la tropa, mis compañeros vinieron a saludarme. Jimmy Sears y Pepe Fuentes estaban entre ellos.

En solo quince minutos fui impuesto de la situación de la región que tenía que dominar. Flores Magón estaba en Durango, hacia el sur, tratando de concentrar suficientes hombres y municiones para atacar el Torreón, punto crucial en todas las operaciones militares mexicanas, debido al hecho de que allí se encuentra el empalme del ferrocarril con el centro del rico distrito.

Los revolucionarios estaban apostados en algunas de las guarniciones que hacían servicio en el Estado de Sonora, hacia el oeste. Las guerrillas atacaban las tropas de Díaz a lo largo y ancho de la ciudad. Pero evidentemente estaban peleando por su propia cuenta, de tal manera que don Ricardo encontraba difícil controlarlas y moverlas dentro de un plan inteligentemente coordinado, con un definido propósito. Mi misión era ayudar a combatir a los federales y tratar de organizar una acción conjunta, por lo menos en Chihuahua, y en las regiones de Durango y Sonora.

Con este programa a la vista, instantáneamente concebí el plan de cruzar la línea del ferrocarril con mi pequeño grupo de hombres y capturar El Sacal, cerca de la frontera de Sonora —que no estaba lejos, según el cálculo de las distancias en México— desde Durango y la línea de marcha hacia El Torreón. Consulté con Jiménez y Oviedo, mientras saboreábamos frijoles fríos envueltos en tortillas y bebíamos algunos vasos de agua. Luego fui provisto de un caballo. Tomé el mando.

Trotamos bajo la luz del mediodía sofocados de polvo. Como a las dos horas, marchando hacia el oeste, entramos en suelos más benignos. Varios árboles estaban esparcidos aquí y allá —algunos incendiaban el cielo con sus flamantes flores rojas—. Semejaban centinelas de una más fresca y hospitalaria tierra. Los saludamos como saludan los marineros a la tierra desde el mar, con gran algarabía y alborozo. El espíritu de los hombres era excelente. La revolución se había apoderado de sus mentes como el cuerpo de una mujer desnuda o un tesoro enterrado, y hablaban de ella febril y tumultuosamente. Era un grito de guerra que los sacudía desde la raíz de centurias a través de viejos sueños de independencia, desde el propio seno de la tierra. Sí, aquí estaba la tierra germinando en árboles, frutos, flores y prosperidad ganadera, pero tradicionalmente mantenida lejos de ellos a través de documentos y leyes extrañas promulgadas bajo el terror de las bayonetas y las balas. Cada árbol era una bandera ondulante en el viento. La bandera de ellos, la bandera de la tierra. Al pasar por aquellos caminos nos detuvimos para coger flores encarnadas que clavamos en nuestros sombreros como un símbolo de la revolución.

Las manchas verdes se volvieron más frecuentes. Paramos en un pueblo para aprovisionarnos de agua. El pueblo nos dio alimento y tequila y nos saludó con fuertes *vivas*. En el curso del mediodía pasamos a través de pequeños caseríos. Tuvimos momentos difíciles haciéndole entender a la gente de esos pueblos que no podíamos llevarnos todo el alimento, frazadas y lo que se les antojaba traernos en sus generosas manos. Podíamos llevarnos a los hombres, no obstante. Para el tiempo en que el Sol empezó a bajar mis hombres habían aumentado hasta ciento cincuenta. Los nuevos reclutas estaban armados de machetes, escopetas, revólveres y gran variedad de implementos agrícolas, desde hachas hasta azadones. Era más imponente este espectáculo, créanmelo, que el de cualquier compañía de soldados bien disciplinados y bien armados, que alguna vez tuve el privilegio de comandar.

Mientras abandonaba uno de aquellos pueblos tuve el gran placer de toparme con el gobernador Cachazas, que venía en persecución de Nogales, el cuatrero, con no menos de cien soldados del gobierno. Su sorpresa debe haber sido violenta cuando, en vez de aquel cuatrero, se encontró con Nogales, el jefe revolucionario, que inmediatamente emprendió su persecución contra él a galope tendido, corriendo hacia un lado del caserío para salvar a éste del fuego de Cachazas. El gobernador y su gente habían venido a buscar a los ladrones de ganado. No propiamente a los caballeros revolucionarios que lucían flores rojas en sus sombreros y actuaban en nombre de la justicia, tan largamente retardada. Se volvió por donde vino mientras yo saludaba con mi sombrero sus barbas blancas, levantadas ahora con el viento, y que pronto fueron borradas por el polvo.

Cachazas volaba hacia el este. Durante el tiempo que parecía seguir nuestra dirección le hicimos la vida miserable con nuestros tiros de fusil.

Teníamos que disparar a través del polvo y dentro del polvo, desde la cabeza de nuestra columna. No era ninguna ventaja estratégica vencer aquel cuerpo de milicia del estado, y sin duda alguna era muy peligroso seguirlo de cerca. Sus soldados seguramente iban hacia un sitio que ya conocían, donde encontrarían protección y refuerzos. Pero al perseguirlos podíamos cumplir tres objetivos: capturar algunos soldados y presionarlos para obtener información; podríamos seguramente deducir en qué sitio estaba el fuerte a donde se dirigían y, finalmente, tratar de capturar al viejo gobernador Cachazas en persona. Esta maniobra, además de ser un gran placer, tenía demasiadas repercusiones de alto calibre como para menospreciarla.

En primer lugar, la historia del hecho de su captura, regándose de pueblo en pueblo, de estado en estado, llevando noticias de la revolución a todas partes del mundo, hubiera sido una maravillosa publicidad para nuestra causa. En segundo lugar, hubiéramos podido agarrar al muy excelente barbudo y pedir como rescate, ya fuese dinero, municiones o ventajas militares. En tercer lugar, podríamos inducirlo a suministrarnos informaciones secretas que pudieran asegurar el triunfo de la revolución, por lo menos en los estados del norte. En cuarto lugar, habríamos intentado capturarlo para nuestra causa, lo cual podría ser posible en vista del tipo de gobernante mexicano a que pertenecía Cachazas. En este caso un gran contingente de las tropas estatales hubiera pasado bajo nuestro control, con su arsenal y parte del tesoro del estado a nuestra disposición. En quinto lugar, si todo hubiese fracasado, podíamos a lo menos rasurar sus barbas y privarlas de su respetabilidad, de su severa continencia, dignidad moral y poder político. Dos de nuestros hombres, y cinco de ellos, fueron muertos en la retaguardia. Probablemente herimos a otros, pues los jinetes mexicanos tienen la costumbre de adherirse a sus caballos, aun cuando estén gravemente heridos, de modo que no estábamos seguros. Di orden al grupo de mis hombres de permanecer con los Cachazistas heridos hasta que pudiera mandar por ellos, y sostener la persecución por un período más largo. Así que, cuando los Cachazistas dieron vuelta por una hilera de altos árboles y desaparecieron de nuestra vista, levanté mi mano para hacer un alto en la batalla. Al retirarnos, colocamos los soldados heridos sobre un par de caballos de repuesto y volamos hacia el noroeste, mientras Cachazas presumiblemente volaría al sudoeste para salvar su vida y sus barbas. Temía que si lo perseguía demasiado lejos, podría tenderme una celada. Pero ahora sabía, por la línea de su huida que me convenía más la ruta noroeste que la sudoeste, con la ventaja, de que si el ferrocarril sesgaba tanto hacia el este como hacia el norte, nos interpondríamos en su camino más pronto, al seguir nuestra nueva senda.

Cuando llegamos al ferrocarril, más o menos entre la ciudad de Chihuahua y Carrizales, no había rastro de patrulla a la vista, a lo largo de la línea, al nivel de la llanura. Teníamos la oportunidad de poner obstáculos al tráfico sobre las líneas ferrocarrileras por veinticuatro horas a lo menos. Pero debido a la manera desorganizada en que la revolución estaba procediendo, no podía estar seguro de si esto era o no ventajoso. Si Flores Magón estaba en capacidad de dar un golpe con éxito por la línea del ferrocarril, hubiera sido tonto de mi parte descarrilarlo antes de ellos tomar posesión de sus puntos de contacto. Si por el contrario la línea iba a permanecer en manos de los federales por un tiempo indefinido, lo interesante hubiera sido bloquear cada resquicio de ésta. Los hombres estaban allí para descarrilarlo en toda su extensión, por supuesto. Un revolucionario mexicano no puede pasar cerca de las líneas de un ferrocarril sin tratar de descarrilarlo; lo mismo que le pasaba a Eva cuando veía una manzana y quería comérsela. Después de pensarlo por un momento, prevaleció la idea de que los hombres debían abandonar los rieles ferrocarrileros. Podríamos necesitarlos de un momento a otro y de cualquier manera era mala política ahuyentar el tránsito regular, pues a pesar de todo era continuo en aquellos tiempos anormales. La confianza del gobierno en la seguridad del ferrocarril podría aprovisionarnos luego de alimento y armas. Este argumento, más diplomático que práctico, de dudosa efectividad en aquellos momentos, resultó ser correcto algún tiempo después.

Al cruzar a caballo los rieles del ferrocarril, tomé la vía derecha del sur y dirigí la marcha. El país empezaba aquí a levantarse en pequeñas ondulaciones. A cada trecho se encontraba uno con una fuente manando perezosamente, como esperando que el Sol la enjuagara. El suelo, sin embargo, acumulaba suficiente humedad por las lluvias arrastradas por el viento de la región, para florecer en el fresco verdor típico de los países semitropicales. Un brillante tono claro, muy diferente al oscuro verdebronceado de la vegetación norteña, propiciaba descanso a nuestros ojos y a nuestro cuerpo, y daba gozo mirarlo. Y era grato viajar una vez más bajo el aire fresco, sin la arena mordiendo constantemente nuestra garganta.

A la caída de la noche, no habiendo encontrado nada más marcial que unas pocas vacas en nuestro camino, acampamos en la playa arbolada de una pequeña laguna. A pesar de que las noches son frías en aquellos lugares y que no podíamos captar la presencia de un solo hombre de Díaz después que los Cachazistas desaparecieron, no podíamos darnos el lujo de iluminar la noche con fuegos artificiales. Ordené cavar profundos huecos donde pudiéramos quedar atrincherados a cinco pies de la superficie, a la orilla de los cuales el fuego sería encendido. Dividí mi fuerza en tres secciones; a cada una le designé fuego para cocinar, fuego para mantenernos en calor, y fuego para predecir el porvenir lo mejor que pudieran. Desde una distancia de cincuenta pies solo un vago resplandor podía ser percibido, contra el cual las sombras de los árboles y de los hombres se movían como negros fantasmas.

Durante algunas horas anduve rondando a mis hombres, contándoles pasajes de mi lucha en Cuba durante la guerra hispanoamericana, en Santo Domingo y Haití. Seguí con mis historias de China y Alaska. Para mi sorpresa demostraban un vivo interés en la teoría antropológica de que los mexicanos —es decir, la población original azteca— probablemente llegó de Asia muchas centurias antes a través de Alaska, hasta llegar a América. Antes de que el viejo Dios Quetzalcoatl encontrara la serpiente emplumada en el desierto. Querían saber más respecto a esto, conocer más detalles. Me animaron a escribir un diario de mis correrías, desde Asia hasta las quemantes arenas y altas montañas de su tierra nativa. Esperaban que les diera hasta informes confidenciales sobre Quetzalcoatl. No importa cómo, pero estuve hablándoles hasta que el viento frío cayó sobre la pesadez nocturna, enrollándoles entre sus frazadas.

En mi experiencia con luchadores indisciplinados —especialmente con aquéllos que llevan sangre indígena en sus venas— he comprendido que echar cuentos a la hora de acostarse es una fuerza poderosa para crear en ellos lealtad y confianza en su jefe. Estos hombres ignorantes, a menudo sumamente inteligentes, guardan un hondo respeto por el conocimiento sobre distantes y grandes acontecimientos cuando han sido acoplados con la habilidad para montar a caballo, para pelear, para maldecir y para vencer dificultades. Cuando dejé a mis soldados acurrucados alrededor del gran fuego y me fui yo mismo a buscar un buen sitio para pensar y dormir, ya sabía que poseía sobre ellos una más efectiva fuerza que la del día anterior. Es una curiosa combinación ésta, la del jefe militar y la del echador de cuentos, en una sola persona. Ciertamente la he encontrado efectiva en más de una ocasión.

Antes de irme a acostar cuidé a los soldados enfermos, que habíamos capturado y traído con nosotros. Me preocupé por sus heridas, les levanté el ánimo con tequila y ropa limpia, les di cigarrillos y les hablé por un rato. No pude arrancarles otra información, salvo que se suponía que debían regresar a la ciudad de Chihuahua caso de capturarme. Esta, naturalmente, era la dirección en la cual iba Cachazas, después de abandonar su persecución. Al abandonarlos me envolví en mi sarape sobre la playa de la laguna. Pronto caí rendido de sueño. Me olvidé del gran mundo de los planetas y del pequeño mundo de las revoluciones y sus batallas, hasta que el suave viento de la aurora arrastró las estrellas. Llegó el momento una vez más de recordar todo lo que queríamos olvidar.

A la luz de la clara mañana, decidí dedicar algún tiempo a enseñar ciertas escaramuzas a mis hombres. Escogí un sitio entre el altozano, al lado oeste de la laguna, y empecé a ensayar primero una suerte de carga en espiral. Esta es una carga en la cual los hombres a caballo se introducen en una estrecha línea, uno al lado del otro, de cada lado, en formación, y se aproximan al enemigo en estrecho círculo, presentando todo el tiempo el perfil de un hombre a caballo como blanco. Es un movimiento parecido en el orden al ataque de los indios de Norteamérica, en forma de abanico, en cerrada formación, en vez de circular a *cochite hervite.* Organizado con disciplina, es muy desconcertante para el enemigo.

Cuarenta y ocho horas después de haber olvidado las barbas de Cachazas, que flotarían en el viento llenas de angustia, alcanzamos la proximidad del Sacal. Una extraviada ciudad de adobe que parecía haber sido levantada, sobre la llanura, con las montañas a la espalda. Habíamos derrotado una pequeña patrulla algún tiempo antes, de modo que la ciudad estaba sobre aviso. Organicé mis planes de ataque a prisa con Jiménez y Oviedo, Pepe Fuentes, Sears y dos o tres que se nos habían incorporado, exponiéndoles a los hombres el proyecto tan claramente como pude. Empecé mi trabajo.

La tropa se esparció afuera en una línea tan delgada como un poco de mantequilla en las manos de un mendigo, cada hombre como a diez yardas del otro. Luego dibujé una curva en la llanura de mucho más de una milla tal un gigantesco y desdentado rastrillo.

Cargamos a velocidad desde una distancia de tres millas. Pronto empezamos a divisar los resultados. Desde las ventanas, el techo de las casas y las calles abiertas a la llanura, el fuego de los soldados de Díaz no podía ser muy efectivo, dirigido contra aquella desordenada y vacilante línea nuestra, con cada hombre a caballo zigzagueando de espaldas y maniobrando para su provecho. El suelo bastante irregular hacía inefectivo el fuego de las ametralladoras. Las balas, dirigidas a la altura de la cabeza de los caballos, hacían blanco como si golpearan contra un peñón donde rebotaban para enterrarse allí mismo en un montón de arena, antes de llegar a su destino. Solo el fuego de los francotiradores podía servir de alguna utilidad al enemigo.

Mientras nos aproximábamos, algunos de mis hombres empezaron a caer de sus caballos. Comprendí que era el momento para cambiar la formación. De acuerdo con el plan que organizamos, di la señal y los hombres se dirigieron juntos en tres grupos. Cada uno en línea junto al otro, dando el frente a la ciudad marchando de perfil, tal como habíamos practicado en la laguna. Luego empezaron a circundar la ciudad y sus defensores tuvieron que mantener el fuego en tres anchas separadas unidades, constantemente cambiando posición en su rápida carrera, que no ofrecía más blanco que el frente de un caballo a galope tendido y su jinete.

Naturalmente el jinete del interior de la formación era ocasionalmente batido contra el suelo o rodaba a guarecerse en un montículo o una roca, colgando de la crin de su caballo. Pero en general el fuego de los contrarios hacía muy poca impresión en nuestras líneas en abanico circular. Siempre estábamos sobre ellos desde tres lados distintos de una sola vez. Sin embargo no podíamos hacerles fuego. Solo nos manteníamos más cerca el uno del otro cada vez en silenciosa, rápida y aturdida manera. La psicología de este ataque es perfecta. Los hombres no se enervan tanto con un violento asalto como por estas frías, quietas, seguras y confiadas maniobras. Hay como cierto sentido del destino al respecto. Frente a este ataque, las armas en las manos de los sitiados parecen cerbatanas ridículas, inefectivas y locas, haciendo un gran ruido para nada.

Nos mantuvimos corriendo de un lado de la ciudad a otro, de este a oeste, de norte a sur, luego en retaguardia. Toda esta loca confusión era para detener el ataque de unos hombres a quienes parecía no prestárseles atención alguna, corriendo y corriendo a su alrededor como un grupo de niños en una ronda. Debe haber sido para los federales una especie de pesadilla. Después de circundar la ciudad por seis veces, y habiéndonos aproximado como a un cuarto de milla de sus casas, di la señal arreglada de antemano de tener todos los hombres en mi columna de fuego con sus armas listas al aire.

Los federales apuntaron su ametralladora, dirigiendo el fuego contra nosotros... Pocas muertes resultaron, pues íbamos corriendo en una sola fila, tal como dije. Luego se retiraron precipitadamente a la plaza, de allí a la iglesia que les cubría un solo lado. Esto fue lo que sucedió antes de tomar la ciudad. Los federales habían tenido que hacer una larga espera en las otras dos entradas y cuando de pronto aparecieron a todo correr dentro de la plaza, encontraron a mis hombres en su camino. Cogidos entre dos fuegos, pensaron que lo mejor era rendirse. Fueron pronto desarmados y encerrados en la cárcel.

Luego nos fuimos contra aquéllos que se habían refugiado en la iglesia. Cuando empezamos a tabletear las paredes de arcilla con dos de sus ametralladoras, se entregaron. Una bandera blanca flotó en el campanario. Como cesáramos el fuego, un oficial vino a parlamentar. Estipulé entonces que los hombres debían salir de la iglesia uno por uno, dejando sus armas en el centro de la plaza. Los soldados rasos serían puestos en libertad inmediatamente. Los oficiales serían retenidos como prisioneros, sirviendo de rehenes contra el posible pillaje de los hombres que bien sabía estaban esparcidos en las casas de la ciudad. Era una paz mucho más indulgente que la que esperaba el oficial mexicano. Luego supe que habían aceptado mi palabra sin creer que iba a mantenerla. Rudo mundo el que allí vive.

Después de tomar las precauciones que pude para impedir un ataque de sorpresa que viniese de las afueras de la ciudad, o de los militares que estaban escondidos dentro de las casas, alineé a algunos de mis hombres sobre sus vientres, arrastrando sus rifles a la entrada de la iglesia. Empezó el desarme. Los soldados iban saliendo uno por uno, soltando sus equipos detrás de un árbol de algodón. Caminaban sin ser molestados. Cerca de doscientos hombres, entre ellos el oficial con quien había hecho el convenio, salieron bajo esta ceremonia del templo. Luego de una investigación minuciosa dentro de la iglesia se comprobó que habían quedado tres pobres diablos en calzoncillos dentro de la sacristía. En una futura búsqueda encontramos tres uniformes de oficiales en el armario donde el sacerdote guardaba sus sagradas vestiduras. Dichos oficiales habían huido disfrazados de soldados. No pude disgustarme sino conmigo mismo por haber sido tan falto de previsión.

Inmediatamente después fui a una imprenta y dicté una proclama al cajista. Veníamos en nombre de la libertad y la justicia a liberar al pueblo de la opresión del régimen de Díaz, a darles una buena parte de las tierras que les habían sido fraudulentamente arrebatadas por centurias de despotismo, y particularmente por el *gang* de Díaz. Luego hice imprimir una hoja suelta para ser distribuida en cada casa de la ciudad. Llamaba a la rendición a todos los que estaban escondidos —en los términos más liberales— exponiéndoles cómo habían sido tratados los que ya se habían rendido. Con un toque de humor americano, que había adquirido durante mis días de vaquero, congratulé a los oficiales que habían escapado disfrazados de la iglesia, por el hecho de haberle dejado un uniforme a Nogales y poder ofrecerles, ya dentro de éste, los mismos términos de rendición. Yo bien sabía que no podrían salir de El Sacal. Ordené cerrar todas las tabernas e hice un inventario de mis haberes.

Poseía más de doscientos rifles extra, tres ametralladoras y una pieza de artillería de campaña. Mi primer paso fue distribuir rifles a los hombres que pelearon con instrumentos agrícolas. Aún me quedó suficiente material como para otros ciento cincuenta.

Uno de los militares que había salido subrepticiamente de la iglesia resultó ser Jacinto Castañedos, un fino caballero que había sido mi gran amigo en Tampico algunos años antes. En aquel tiempo era capitán. Ahora continuaba siéndolo. Vi muy claro que era buen material para la revolución. En México, todos los capitanes del ejército se vuelven con el tiempo generales revolucionarios. Muy exacto en este caso... Casteñedos se unió a mis fuerzas sin un título —lo que nos preocupaba muy poco a los dos—. Si lo hubiese llevado a Flores Magón seguramente le hubiese dado un comando propio. Castañedos salió fiador con su vida por ciento cincuenta soldados que se vinieron también conmigo.

Al abandonar el Sacal entre el frío de la noche, antes de que las tabernas pudieran ser asaltadas, nos dirigimos marchando hacia el sudeste. Era mi intención captar el empalme de Chihuahua, Sonora y Durango en las líneas fronterizas. Ver allí en cuál dirección era mejor pelear. Esperaba también ponerme en contacto con Flores Magón y saber definitivamente cuáles eran sus planes, aunque para este tiempo, a juzgar por la poca información que había recibido, me daba cuenta de que la revolución había surgido muy atropelladamente sin apreciable control.

A la siguiente mañana, después que abandonamos el campo, tuvimos algunos combates con algunos federales y todo el día nos estuvimos persiguiendo mutuamente. Este juego duró ocho días, y nos llevó muy adentro del estado de Durango, cuando de pronto una brigada de infantería apareció en el horizonte y tuvimos que correr para salvar nuestras vidas. Nos perdimos en las sierras hasta que todos los signos de persecución desaparecieron.

Iniciamos una marcha prudente en dirección al Torreón, el cual, según pude informarme, era el objetivo actual de Flores Magón. El torreón, naturalmente, estaba bien defendido. El territorio era estrictamente patrullado. Supe que don Ricardo podía arreglárselas con éxito a lo largo de esta línea.

En el curso de este camino vi señales de fuertes combates. Cuerpos mal enterrados presentaban un horrible aspecto en ciertos intervalos de nuestra senda. Llegué a ver un brazo saliendo de la tierra, tratando de apoderarse de una pistola automática. De un árbol pendían una docena de hombres con su vestimenta desgarrada, sus vientres comidos por zamuros. Flores Magón en ninguna parte era localizado. Supe que había estado muy acosado por los federales, que no pudo encontrar ningún sitio adecuado para esperarme.

Por tres semanas continuamos con la alta presión de las guerrillas alrededor del Torreón, defendiéndonos adentro y afuera de las líneas federales.

Cierta vez acosé a un gran cuerpo de tropas desarrollando mi movimiento de abanico alrededor de su campamento a la hora del desayuno, manteniendo todo el día a los federales lejos de su café y sus enchilados hasta mediodía. El general que comandaba aquellas tropas, como lo supe luego, era nada menos que Victoriano Huerta, en aquel tiempo un buen oficial. Tres años después presidente de la República.

Me mantuve enviando mensajes en toda dirección. Como una pequeña organización, el Torreón, con todas sus provisiones y ferrocarriles, hubiera podido ser nuestro. Nunca nos llegó una respuesta satisfactoria. Mientras tanto, los aislados grupos de mis postas se mantenían luchando desesperadamente para mantenerse vivos, con fe en la inmediata eficacia del concertado movimiento. Así que nuestros flancos estaban siempre expuestos y nuestra retirada siempre en peligro de ser cortada. Arriba los zamuros hacían círculos sobre nosotros con sus voraces ojos asesinos.

Cierto tiempo después descubrimos los esqueletos de nuestros propios hombres, sobre el mismo terreno que habíamos cruzado y recruzado. Todo esto era un buen deporte, aunque parecía no conducir a nada en particular, ciertamente ni hacia la justicia ni a la libertad. Retirándonos a la defensiva, solo peleábamos ahora cuando teníamos que pelear o donde pudiéramos tener la oportunidad de atacar a la caballería federal. Corríamos y cambiábamos de posición como el mismo demonio; una sola vez pudimos anotarnos una pequeña victoria. Docenas de rurales milicianos y soldados mordían el polvo, pero inmediatamente eran reemplazados por otros. Nuestros caballos estaban fatigados. A los hombres les quedaba energía en el corazón, pero muy poca fuerza en sus músculos. Día tras día, semana tras semana, estuvimos en campaña sin atención médica. Comiendo la mayoría de las veces tortillas y frijoles, sin una gota de agua por interminables horas y siempre al borde de una batalla contra fuerzas superiores, mermándose nuestras filas hasta menos de cien hombres.

Las tropas frescas son buenos combatientes, pero nunca pelean mejor que las hambrientas. Fue posiblemente por esto que pudimos tomar por asalto, sin ningún plan determinado, pero con la audacia nacida de la desesperación, el caserío de la Concepción, cerca de la línea del ferrocarril de

Carrizales. Simplemente entramos en la ciudad y tomamos posesión. Se desató el infierno.

Los hombres se volvieron como salvajes, saqueando las tiendas y las tabernas bajas donde se expendía tequila, robando a los ciudadanos, a despecho de todas mis prevenciones. Fusilé yo mismo a tres de ellos y tuve un fuerte tiroteo con otros dos que trataban de abusar de una cantinera. Pero el infierno siguió. Mientras tanto los rurales, que habían estado tras de nosotros todo el día, entraron en la Concepción. Todo lo que pude hacer fue abandonar el pueblo con veinticinco de mis hombres, mi guardia, que hasta ese momento apenas estaba semiebria.

No habíamos caminado sino un par de millas de la Concepción, cuando oímos el conocido chasquido de los fusiles del pelotón de fuego que ejecutaba a mis compañeros, totalmente borrachos. En nuestra retirada María Luisa fue muerta por una bala extraviada.

Dos días después llegamos al viejo corral del Cañón de Santa Catalina. Habíamos arribado allí con grandes dificultades, pues no teníamos alimento ni bebida. Si no hubiese sido por dos vacas que encontramos paciendo tranquilamente sobre un poco de pasto que crecía cerca de una fuente, hubiésemos caído vencidos sobre la húmeda hondonada, muertos de hambre. Su carne nos revivió. Pasamos allí una semana en agradable ocio, una de las mejores de mi vida.

Pepe Fuentes, a quien había enviado en una expedición exploratoria al pueblo de Carrizales, fue capturado y muerto por los federales. Miguel, otro de mis hombres, enviado detrás de él, contó que había encontrado su cuerpo perforado de balas, recostado a un cactus, con un cigarrillo aún encendido colgando de sus labios. Durante mi amistad con Pepe Fuentes, el mismo que deseaba cometer una gran villanía que pudiese llevarlo a gozar para siempre de una respetable vida, hice lo que pude para satisfacer su ambición. Fracasé. Por lo menos, lo ayudé a morir de muerte honorable. Había caído como revolucionario, no como ladrón.

Una noche los centinelas anunciaron la aproximación de dos hombres a caballo a través del cañón. Fueron debidamente capturados y llevados a la hondonada. Uno de ellos con barbas, como de sesenta años, tenía un par de gallinas en la mano, de las cuales me hizo presente, saludándome con simpatía:

*¡Qué tal, mi coronel! ¿Cómo está usted?*

Reconocí en él al viejo *Pancho Villa,* quien adoptó este nombre después de la muerte del famoso bandido, porque le pareció efectivo. Era un tipo muy simpático.

Me traía una carta del rico ranchero de Coahuila, Francisco Madero, al cual Porfirio Díaz y sus acólitos trataban de lunático y visionario. Su nombre, en muy corto tiempo, se iba a escuchar con admiración a través del mundo como el vencedor de Díaz. No conocía a Madero personalmente —por aquel tiempo no era muy conocido— pero mis soldados hablaban maravillas de él. Madero me aconsejaba que mantuviera mi lucha a cualquier costo. Insistía en que el espíritu revolucionario no debía morir nunca en México, hasta que fuera derribado Porfirio Díaz. Por aquella época, fuera de Victoriano Huerta y hasta cierto punto Madero, los futuros presidentes de México eran hombres oscuros. Carranza era un juez de paz en Coahuila, Obregón, un insignificante ranchero de Sonora, Calles un maestro de escuela. Eran esencialmente productos de la revolución socialista manejada por Flores Magón. A juzgar por la carta de Madero, yo era el único representante de la revolución en armas por el momento.

Escribí a Madero, a través de *Pancho Villa* contestándole que haría lo que pudiera. Pero mis circunstancias eran muy precarias. Privado de mis mejores tenientes, mi fuerza se reducía a veinticinco hombres, muy competentes, es cierto, pero prácticamente yo no contaba con provisiones de alimentos. Poseía apenas una insignificante cantidad de municiones. En fin, no estaba equipado como para hacer descalabros contra las mortíferas ametralladoras y bien equipados y bien pagados partidarios de Díaz.

## IX. Fuera de la ley

Después de que el viejo Pancho Villa nos dejó aquella noche, me tendí sobre la manta de mi silla de montar frente al fuego del campamento, a meditar. Sin lugar a dudas mi situación si no era desesperada, era muy crítica. Llegué a una conclusión. Después de los cinco años plenos de acontecimientos cuya mayor parte había pasado en China, Alaska, Nevada y en aquella malhadada revolución de Flores Magón que ya rápidamente desembocaba a su fin, heme pues aquí, con un puñado de compañeros sobrevivientes vagando por los desiertos de Chihuahua y Coahuila con la esperanza de que la revolución continúe. En la carta que Madero me envió, como mencioné antes, trataba de decirme de no tirar las cosas al vacío, sino que continuara manteniendo el fuego no importara a cuál precio. (Esta carta debe estar en Caracas, a menos que la policía de Juan Vicente Gómez la haya destruido conjuntamente con el resto de mi correspondencia privada.) «Me llaman iluso, visionario —pero no lo soy—. Mis planes van hacia adelante. Sosténgase hasta que pueda levantar el pendón de la revuelta y México sea libre. Usted es la última llama de la revolución.»

Maravilloso. A juzgar por esta carta estimulante de Madero, la chispa de la revolución no estaba muerta. Alguna cosa de gran importancia iba a pasar. Intuí que el levantamiento de Flores Magón era solo el principio de grandes acontecimientos. No estaba equivocado. En menos de un año se afianzó la tremenda revolución de Madero, que terminó con el régimen de Porfirio Díaz y puso fin al peonaje en México. Madero, un civilista, fue avanzando de pueblo en pueblo en una marcha triunfal.

Pero Nogales no estaba allí. Su destino había sido haber combatido con éxito cuando la revolución estaba casi en el suelo. Ahora que la revolución iba hacia la victoria, muchos generales que habían peleado por su derrota marchaban con ésta hasta su final. ¡Mala suerte! Sin embargo, lo que más me gusta es desatar el nudo gordiano. Prefiero las luchas y soluciones difíciles a los banquetes posteriores cuando se hacen los discursos y se distribuyen prebendas por igual a los grandes y a los codiciosos.

Cuando Madero esparcía los ecos de su victoria en México, estaba yo de nuevo en el teatro de difíciles situaciones. Estaba en Venezuela, donde la caída de Castro y la usurpación de Gómez me llamaba de nuevo a la gran aventura.

Sin embargo, es para mí algo inolvidable haber ayudado a encender el fuego de los primeros disparos en una revolución como la de México, tan poderosa en su violencia y preparación, y de cuyos resultados se habla hoy todavía.

Estimulado por el optimista mensaje de Madero, decidí no desbandar a mis hombres. Pero nuestra situación se hacía más y más crítica. Habíamos andado enteramente sin alimento. No podíamos aproximarnos a los pueblos y ranchos de ganado por miedo a caer en una emboscada. Los rurales eran hábiles exploradores y temibles enemigos. Si no hubiera sido por el conocimiento del país y mi ventajoso sistema de avanzar de noche, hubiéramos terminado con una soga alrededor de nuestros cuellos, o frente a un pelotón de fusilamiento.

Durante una de aquellas angustiosas noches, cuando los rurales estaban presionando cerca y nos habían cortado prácticamente cualquier posible retirada, cuando peleábamos en nuestro camino de Río Grande hacia nuestro cuartel general en el cañón de Santa Catalina, perseguimos una diligencia de mulas provistas de grandes bultos, dirigida por una docena de chinos contrabandistas. Desde el minuto que nos vieron se echaron al suelo, el rostro gimiente y pidiendo clemencia. Nos habían tomado por rurales. En sus mulas había diez pesos contantes en opio, que nos ofrecieron para salvar nuestras vidas.

Mientras los aterrorizados chinos permanecían arrodillados frente a nosotros, en conjunto, alternativamente levantando y bajando sus brazos como un montón de conejos que mueven sus orejas hacia adelante y atrás, no pude menos que soltar la risa a despecho de la situación crítica en que estábamos. Aquellos chinos ciertamente resultaban divertidos. Así se los dije cuando les expuse quiénes éramos. Necesitábamos solamente que nos vendieran un poco de provisiones.

Con su pasividad oriental, los chinitos extrajeron de sus alforjas varias tortillas y una docena de botellas de tequila que pusieron en nuestras manos, con pequeñas cajitas de opio como presentes. Estas fueron vendidas después cerca de Chihuahua por cinco o diez dólares cada una.

Nos despedimos de nuestros amigos chinos, quienes alinearon sus mulas y desaparecieron una vez más entre las sombras de la noche. Nosotros nos dividíamos y esparcíamos cada uno por su lado. Pude deslizarme sin ser visto a través del anillo de hierro que los rurales nos habían tendido. De igual manera lo hicieron la mayoría de mis hombres.

Uno de nuestros lugares favoritos era un matorral al sur de la Laguna de Patos, donde algunos de los vaqueros de Cachazas acostumbraban suministrarnos alimento y caballos frescos. Éramos muy populares a lo largo de los estados fronterizos, porque siempre pagábamos lo que tomábamos o dábamos alguna cosa en cambio. Mi magnífica silla de montar, por ejemplo, era un presente de Orozco (el último general Orozco). Él, y los presidentes de México (con la posible excepción de Madero y Victoriano Huerta el sucesor de Porfirio Díaz), así como la mayoría de los más importantes soldados políticos de hoy, llevaban por aquellos días la vida rutinaria de cualquier ciudadano. Eran anónimos. A fin de alcanzar nuestra cita prevista, tenía que pasar el siguiente día escondido en cierto arroyo de la Sierra del Fierro, donde sabía que podía mantenerme sin ayuda contra todo un escuadrón de la caballería mexicana.

Cuando el Sol se escondió y el cielo se tornó de púrpura en color de alhucema, ensillé mi caballo y me preparé para tomar mi camino a través de la sombra. Una hora después un indistinto borrón se levantó frente a mí. Al aproximarme descubrí una manada de sesenta a setenta coyotes, que me miraban insistente e inmóviles, entorpeciendo mi camino.

Los coyotes son naturalmente las criaturas más cobardes que uno puede encontrar en aquellos lugares, excepto cuando padecen de rabia o están en la época de celo, tiempo en que las estériles cumbres de la Sierra Madre comienzan a blanquear y los fríos vientos del norte soplan a través del desierto. Por este tiempo los coyotes acostumbran agruparse bajo la dirección de un macho experimentado, uno que haya probado la caliente sangre de la vida. Entonces se vuelven peligrosos, por lo menos para los caballos extraviados.

La manada con la que había tropezado era dirigida por un alto camarada que semejaba más un lobo que un coyote. No parecía en conjunto muy inclinado a darme la pata derecha. Hubiera podido atemorizarlos con un solo disparo, pero no me atrevía a enviar ecos de mi presencia en la frontera, alrededor de las rocas del cañón, ni a lanzar signos de pólvora al aire claro del desierto. Los rurales se mantenían a nuestros talones y podían oírnos. Así cuando lancé mi lazo, balanceando el final del cabo nudoso sobre mi cabeza, literalmente me hice camino a la fuerza, a través de los devoradores de carroña. No obstante eso no se moderaron. Me siguieron con tenaz paciencia, brillándoles los ojos como esmeraldas en la noche. A pesar de que no demostraban ningún deseo particular en atacarme, no me agradaba nada su compañía. Al llegar a un abandonado cementerio español, a la orilla de una quebrada seca, me encerré entre sus cuatro muros, interponiendo una barricada al cerrar su puerta de hierro, demasiado alta para que pudieran saltarla los coyotes.

La parte interior de las paredes estaba plena de hileras de nichos, algunos cerrados, otros conteniendo cadáveres. Algunas tumbas habían sido violadas. Mientras anduve por sus zarzales me topé repetidas veces con calaveras y huesos. No era ciertamente un lugar atractivo. Pero, por lo menos, había yerba en abundancia y estaba protegido.

Desmonté mi caballo y devoré las últimas dos tortillas que me quedaban. Me envolví en el sudadero de mi silla y me acomodé para dormir... lo que significaba que ya había tomado posesión de una de las tumbas, que olían a todo menos a rosa. Mientras afuera en la artemisa los coyotes ululaban y las estrellas continuaban chisporroteando sobre el cielo amoratado del desierto.

Algunos días después encontré a mis hombres en el sitio señalado, al sur de la Laguna de Patos, pero nuestros amigos, los vaqueros, no aparecieron por ningún lado. Probablemente porque los rurales estaban rondándonos. Nuestra situación estaba muy lejos de ser envidiable. Por casi cuatro días subsistimos solo con tequila. Nuestros caballos, exhaustos de la pesada cabalgata, solo podían mordisquear grama de vez en cuando.

Lo que necesitábamos era conseguir alimento y decidimos tomarlo de uno de los trenes de pasajeros que proyectaban salir al siguiente día de Juárez a Chihuahua. En un lugar cerca de Carrizales arreglamos las cosas de modo que cuando el llamado Chihuahua-Express pasara por allí, se encontrara obligado a detenerse a causa de un pilón de leña que obstruía el camino. Cuando tratara de retroceder, se encontraría con otro obstáculo igual impidiendo su retirada.

Tan pronto se detuvo el tren, ya tenía mi cuadrilla protegiéndome. Avancé con tres hombres para obligar a salir a los pasajeros y formarlos en línea. No éramos bandidos —les explicamos— sino patriotas, revolucionarios, y no veníamos a robar sino sencillamente a comprar alimento.

Cuando me encontraba de pie frente a los atemorizados pasajeros —con mi rostro cubierto con un pañuelo moteado—, explicando las cosas apresuradamente porque los rurales podían estar cerca, surgió de pronto una señorita mexicana, de bellos ojos negros (estudiante de la Universidad Americana, de vacaciones a su hogar), quien arrancando el pañuelo de mi rostro me gritó con voz exaltada:

*¿Cómo se atreve usted, miserable bandido, a detener el tren solo por el placer de robar a este pobre pueblo y asustar descaradamente a los niños? ¿No tiene usted corazón? ¿Por qué no se entrega al trabajo y gana su vida honestamente? Debiera estar avergonzado de sí mismo...*

Me quité el sombrero y de nuevo me incliné para decirle apremiantemente que no éramos bandidos, estúpidos o cualquier otra cosa sino patriotas revolucionarios, obligados a comprar nuestros alimentos de aquella manera dramática, ya que no podíamos entrar en los establecimientos.

Y tomando el fajo de billetes les pedí que hiciera nuestras compras.

*¿Quién es por fin, usted?* me preguntó desconcertada. Cuando pronuncié el nombre de Nogales, una casi imperceptible sonrisa pasó por su hermoso rostro, añadiendo en voz baja:

*¿Por qué no lo dijo antes?*

No necesitamos pagar nada. La despensa del tren fue volcada para nosotros. Diez minutos después el Chihuahua-Express resoplaba vía al sur, a toda velocidad. Supongo que los pasajeros se devanarían haciéndose preguntas sobre aquellos peculiares ladrones —o revolucionarios— que deseaban pagar de contado por todo lo que podían llevarse.

Aquella noche en el solitario cañón de las montañas circundantes, el grupo de patriotas mexicanos echaba un descanso alrededor de un vivo fuego de campaña. Sus esmirriadas jacas satisfacían su hambre con una buena provisión de avena y una linda señorita mexicana, con tintineantes espuelas de plata en sus tacones y una pistola de seis tiros en su cintura, preparaba tortillas y café alrededor del fuego para sus diecisiete nuevos compañeros mientras cantaba suavemente *La Paloma*. Varias semanas después de nuestro atraco desperté con un escalofrío. Era realmente una mañana helada tras una noche de insomnio. Por ningún motivo podía olvidar el trágico fin de mi fiel ordenanza José, quien había sido capturado el día anterior por los rurales en la Concepción, cerca de la frontera.

Lo habían colgado del único árbol por varias millas a la redonda. José había muerto valerosamente. De acuerdo con lo que había dicho un campesino que presenció la ejecución, José se había colocado él mismo el lazo alrededor de su cuello, para evitarle la molestia al verdugo. Había lanzado el cordel sobre la rama más baja, asegurándolo al piso de su silla de montar. Picándole las espuelas a su caballo, que naturalmente le dio tal sacudimiento que lo sacó fuera de la silla, José se había ido sonriente hacia la eternidad, elegantemente, con ambas manos metidas en los bolsillos de sus pantalones y un cigarrillo prendido en sus labios.

José había sido el primero de mi banda de Nueva Luzón. Mi compañero más cercano después de la bonanza de Nevada, cuando había empezado a tomar en préstamo aquella pequeña manada de novillos al sur de la línea fronteriza para ayudar a financiar la revolución de Flores Magón.

Era una mañana de frío cortante. Un ocasional remolino de polvo se levantaba lentamente del horizonte. Cuando el brillante disco del Sol se hundió en el límite del desierto, sacudimos la arena de las gualdrapas, ensillamos nuestros caballos y cabalgamos cuidadosamente arriba de la cercana estación de Tunas del ferrocarril sur del Pacífico. Queríamos comer tortillas, tomar café y olvidar por un momento que éramos buscados al sur de la línea fronteriza. Éramos el último resto de las tropas militares de la insurrección de Flores Magón. Nos dábamos cuenta que Porfirio Díaz no estaría tranquilo hasta que cayera el último hombre de aquel prematuro pero glorioso movimiento.

John Lee, el cocinero de la estación, que no era ni chino ni cocinero, sino un inteligente oficial del ejército japonés ejecutando un excelente trabajo a lo largo de la frontera, tendió sobre nuestra mesa, como mantel, ejemplares nuevos de la prensa.

Algunos de aquellos periódicos (que todavía conservo) traían dos caras conocidas, coronadas con sombrero de copa. Uno de aquellos rostros pertenecía al presidente Castro, de Venezuela, y la otra al vicepresidente Juan

Vicente Gómez. En tres columnas se resumía toda la historia sobre Castro, saliendo para Berlín por causas de salud —era lo que se decía en mi país— y Gómez, el nuevo presidente, hacía un llamado a todos los venezolanos que se encontraban fuera para que lo ayudaran a devolver a la normalidad la situación política.

No me avergüenzo de confesar que después de leer aquello, un par de lágrimas rodaron sobre mi viejo uniforme de piel de ante. Anchas puertas parecían abrirse de pronto ante mí. El momento por el cual había estado luchando por fin había llegado. Y si no era muerto en el último momento, podía de nuevo ver mi país.

Me despedí de mis fieles compañeros. Dos meses después llegué a Caracas, capital de Venezuela, tras ocho años de exilio voluntario.

## X. Días alrededor de Venezuela

Solo aquéllos que hayan pasado por una experiencia similar pueden entender cómo debí sentirme el día que regresé a Venezuela en un diciembre de 1909. Después de ocho años de vagar por el mundo era más que satisfactorio retornar al hogar. Era también la oportunidad de servir a mi país en su dura lucha para llevarlo adelante.

No obstante, la situación que encontré fue desalentadora. Gómez estaba rodeado por los traidores que lo habían ayudado a destronar a Castro y que intentaban embadurnar posiblemente su propio plan por ambas caras. Habían persuadido a Gómez que se dirigiera a Washington para pedir ayuda contra el retorno de Castro, lo que era un precedente siniestro. A esta urgente presión Gómez declaró nula la sentencia favorable a Venezuela, cuyo internacional árbitro estaba totalmente entregado a la controversia Bermúdez Asphalt. Todos estaban temerosos del retorno de Castro, que hubiera significado la pérdida de sus fortunas y probablemente de sus huesos. Sabiendo que un gobierno decente los habría arruinado, hacían lo posible por mantener la administración de Gómez a lo largo de los mismos viejos cauces.

Tampoco Gómez parecía urgido de dirección. Demostraba a las claras que no desperdiciaba la oportunidad para desplegar grandes esfuerzos en el camino que se había trazado a través de su traición. Gómez, por lo tanto, no necesitaba mucha oposición, pues cuando aparecía como guiado por sus secuaces, él era quien en realidad los dirigía, despojándose al poco tiempo de aquéllos que consideraba más peligrosos.

Simplemente, solo tuve que mirar una vez en los pequeños inquietos ojos de Gómez para darme cuenta de que no ocurriría ningún cambio con la caída de Castro. Por lo menos en lo que representaban los altos intereses de Venezuela.

A pesar de aquella deprimente realidad, el año que pasé en Caracas puede ser recordado como uno de los más agradables de mi vida. Indiscutiblemente soy un hombre adaptable. Por ello he podido disfrutar de la vida en todos sus variados ambientes. Ahora estaba en mi tierra. Todo tenía un sabor especial. El paisaje. La arquitectura de los edificios. El arreglo de los jardines. El modo como se dirigían a mí en la calle los trabajadores. El encuentro con amigos en la Opera. Todo era de una especial calidad. La textura de las cosas largamente conocidas, que se suelen llevar en la sangre.

Caracas es llamada con razón el pequeño París de Sudamérica. Sus contactos con la capital de Francia son estrechos y constantes. Las elegantes damas de Caracas llevan las modas parisienses antes de que hayan sido vistas en otras capitales europeas. Las viejas familias, los *mantuanos,* comprendiendo a la aristocracia que data más allá de la conquista —orgullosa de su sangre Castellana, Inca y Azteca— patrocinan las artes. Caracas es la meca para los grandes cantantes de Europa y para los mejores escritores artistas de España y Latinoamérica. Es una ciudad comprensiva y sensible.

Allí disfrutamos la atmósfera de la vieja y sólida holganza, donde las últimas ventajas de la civilización se gozan con paz y dignidad. La sociedad distinguida no se apoya exclusivamente en la riqueza sino en la educación y en la tradición. San Cristóbal, en los andes, la ciudad donde nací, fue fundada poco tiempo después del descubrimiento de América por caballeros españoles que cuentan entre sus antecesores varias antiguas generaciones, que datan desde antes del sometimiento de Granada por los moros.

Caracas está situada en un hermoso valle como a tres mil pies sobre el nivel del mar, separada de éste por la cordillera montañosa de Naiguatá. Posee la deliciosa conjugación de lo moderno y de lo antiguo, lo cual le confiere un especial sabor inolvidable. Hermosas plazas, encantadoras inmediaciones pobladas de villas, el suelo floreciendo con las más maravillosas flores y mujeres de Latinoamérica. Las casas, aun las de reciente construcción, son generalmente espaciosas, de gruesas paredes, altos techos, patios coloniales, en el medio de los cuales las fuentes típicas, semejantes a las introducidas a España por los árabes refrescan el oído con su melodía. La antigua catedral de la Plaza Bolívar es de una fuerte estructura colonial. Le recuerda a uno el tiempo en que Bolívar luchaba y las mujeres rezaban por sus soldados. Las estrechas calles toman su lento curso inundadas de luz solar y sombras purpúreas. No se sabe nunca si fue de París, Sevilla o Granada que sus fundadores tomaron la inspiración para levantar esta ciudad.

Los patios durante el día son peculiares con la algarabía resplandeciente en el calor de sus pájaros y silenciosamente elocuentes en el misterio de las noches enlunadas. La Luna baja lentamente dentro del patio iluminado por estrellas. Las sombras aterciopeladas se inclinan sobre las relumbrantes tejas rojas de borde platinado; entre el susurro de las hojas y el sollozar de las fuentes de mármol. Un hombre como yo, sin hogar, recobra allí la paz deseada que había estado siempre huyendo de su corazón y que creía haber perdido para siempre. Allí estaban también los compañeros comprometidos en la causa por la cual había luchado. La causa que a través de todas mis aventuras permanecía más cerca a mi deseo. La causa que simbolizaba instaurar en mi país la estructura de un gobierno decente.

Tan pronto como me di cuenta de que Gómez no era el hombre para superar a Castro en ningún sentido, hice declaraciones a la prensa para señalar que las necesidades del país partían desde el punto principal de la resistencia de los no interesados en saquearla. Mientras tanto Gómez todavía inseguro en su posición, parecía dejar hacer. Muchos de mis amigos se habían unido al gobierno y se preocupaban por llevar las cosas a un punto correcto. Al aparecer mis declaraciones se me ofreció un alto cargo. Pero decliné servir con la gente que componía aquella secreta camarilla. Por lo tanto, sistemáticamente, la camarilla derribaba nuestros planes. A menos que se pusiera cese a nuestras actividades, el grupo de Castro, que había traído a Gómez al poder, se habría encontrado en una desagradable situación.

Desde luego que Gómez empezó pronto a hacerse sentir. Entre los primeros pasos que dio para consolidar su dictadura figuró la libertad de su primo, Eustoquio Gómez, que había estado cumpliendo una condena en la penitenciaría de Caracas. Gómez lo dejó libre y lo nombró, bajo nombre supuesto, gobernador de la Fortaleza de San Carlos, donde se hizo famoso por su persecución contra los llamados presos políticos.

Mientras permanecía en Caracas observé la iniciación de los acontecimientos que se orientaban a establecer las bases de una dictadura. Pacíficos ciudadanos fueron privados ilegalmente de sus derechos, siendo vendidas sus propiedades por el precio que se les antojó a los amigos de Gómez. Pedí públicamente, a través de la prensa, el restablecimiento de la paz y la libertad, tal como la conocíamos en los viejos tiempos constitucionales. Cuando partí para los estados andinos al final de 1910, una orden de prisión me precedía.

En 1915, cuando peleaba en Turquía, Gómez declaró ante el Congreso que tenía extraordinarios poderes para mantener la paz. El Congreso designado por él mismo lo había electo presidente por siete años más, confiriéndole la fuerza de un dictador. Todavía mantiene dichos poderes.

Mucho antes de que Gómez se volviera dictador todos los despachos públicos en Venezuela, incluyendo los de Justicia y la Corte Suprema, eran nombrados en elecciones. Oponerse a Gómez, políticamente o de cualquier otra manera, era un crimen que se castigaba con cargo de prisión, lo cual frecuentemente equivalía a la muerte. Las tierras de los prisioneros políticos eran tomadas. *Por el solo hecho de denunciar a un hombre como enemigo del régimen gomecista, se le engrillaba y se le enviaba a un calabozo, muchas veces para el resto de su vida.*

Soy un venezolano con un ardiente amor por mi país. No puedo sino denunciar los métodos de Gómez y su camarilla en la administración de las negociaciones. Cuando me doy cuenta que miles de hombres inocentes sufrieron torturas y perdieron sus propiedades por hacerle oposición al dictador, y que otros muchos fueron llevados a trabajos forzados para trabajar en las carreteras, bulle mi sangre por esta injusticia. Bajo la tiranía de su dictadura todos los buscadores de puestos que se aseguraron con Gómez se aprovecharon del progreso material del país. Las carreteras de tránsito automovilístico, fueron construidas por medio de trabajos forzados, confiriéndoles valor a las propiedades confiscadas. Ni una sola línea ferrocarrilera fue instalada durante su gobierno.

Durante los diecinueve años plenos de acontecimientos de mi presente y segundo voluntario exilio, muchos planes fueron proyectados para derrocar al dictador y restaurar mi país a condiciones normales. Casi cien mil venezolanos siguen viviendo en el exterior y son una fuerza. Gómez se preocupa más de ellos que de los conspiradores puertas adentro la patria. Es muy taimado y ha tratado de desmoralizar el Partido revolucionario afuera, así como ha hecho con los partidos políticos adentro, con tácticas y éxito similar. Su método es exilar algunos de sus partidarios políticos, después que no puede hacer más uso de ellos. Sabe que desde el momento en que esos ilustres crucen la frontera, empiezan a hablar de revolución, y si se unen al Partido revolucionario lo corromperían como a cualquier otra cosa.

No ha habido inmigración desde que Gómez subió al poder. Teme que entre los inmigrantes pueda deslizarse algún líder revolucionario con suficiente autoridad como para derribarlo. Venezuela está desarmada. Si alguien lleva una navaja de bolsillo, sin consentimiento del gobierno, tal hecho es considerado como una felonía castigable con prisión y, ocasionalmente, con la muerte.

Cuando el petróleo fue descubierto en el lago de Maracaibo, se apresuraron los secuaces de Gómez para tomar posesión de la tierra. Muchos de los terrenos en cuestión eran selva, parte de ésta manejada por individuos, parte por comunidades. Pasaron, como las ricas sabanas a manos de la camarilla de Gómez. Todos los viejos métodos fueron sacados a relucir para asegurar las tierras de petróleo, pero con redoblada brutalidad.

*Algunas de las compañías petroleras aceptaron concesiones, conociendo por cuáles medios los otorgantes obtuvieron los llamados derechos. Por esta razón fue que abiertamente, de espaldas al régimen de Gómez, establecieron sus refinerías en las Antillas Holandesas de Aruba y Curazao, a sabiendas de que al proceder así le estaban poniendo freno a un futuro y verdadero Gobierno Constitucional de Venezuela a subir los impuestos de exportación del petróleo crudo en cierto modo prohibitivos, para proteger la industria de refinería en Venezuela. Porque la verdad es que el pueblo venezolano aspira a que su petróleo sea refinado sobre su propio suelo.*

Gómez teme vivir en Caracas. Se esconde afuera rondando todo el año la pequeña ciudad de Maracay, cerca de Valencia y Puerto Cabello, la cual es guarnecida por ocho o diez mil uniformes. Maracay es prácticamente un cuartel, una fortaleza en miniatura. En la cercana playa de Ocumare un barco de guerra está siempre estacionado, con la caldera en movimiento, para facilitar al dictador la huida en caso de una insurrección con éxito. Una carretera, construida por presos políticos sale desde Maracay hasta el lugar donde se encuentra dicho barco. Fuera de Maracay solo se le da a las tropas de Gómez cien cartuchos de municiones, en números redondos a cada soldado, de modo que si hay alguna sublevación, ésta no puede sostenerse por largo tiempo.

En el último verano, mayo de 1931, Juan Vicente Gómez, como inspector a su modo del ejército venezolano, deseando volverse de nuevo el jefe único de su gang, derrocó en la noche a su falso presidente Juan Bautista Pérez, y reasumió la dirección de su autorrégimen, burlándose así del gobierno norteamericano y de los otros gobiernos que habían reconocido, a su solicitud, al doctor Pérez, como presidente constitucional de Venezuela. Gómez está hoy dirigiendo una vez más los destinos venezolanos con la aprobación unánime del pueblo de Venezuela. ¡Qué vergüenza!

Lo peor de esto es que, de acuerdo a la opinión pública, Gómez tomó esta determinación a instigación de sus consejeros extranjeros, entre quienes se cuentan muchos diplomáticos que se han enriquecido por sus servicios como representantes de la prensa en el exterior.

Estos son los que han mantenido bajo un velo la opinión pública de Norteamérica, que ignora *lo que verdaderamente acontece en Venezuela* a fin de facilitar la venta de las existencias de petróleo a los consorcios de *fáciles marcas* en Wall Street. Este es el caso, por ejemplo, de las tierras venezolanas de reserva petrolera que Gómez vendió en Europa no hace mucho a ciertas compañías que sabían bastante bien que Gómez no tenía derecho a disponer de ellas, ni siquiera con el consentimiento de su congreso de alquilados «*sí, sí, sí*» que bien sabían que esas concesiones son como *mercancías robadas.* No obstante las adquirieron, las convirtieron en sociedades y vendieron sus existencias a los tradicionales *corderos* como seguridades de falso brillo probablemente con la esperanza de que el gobierno norteamericano respaldara después los reclamos con sus barcos de guerra, como se ha hecho en Nicaragua y en otras repúblicas americanas alrededor del Caribe.

Los agentes de prensa internacional pagados por Gómez se cuidan mucho de dejar ver a cualquier extranjero importante —en especial a cualquier americano— que visite Venezuela, más de lo que le está permitido ver. Ocasionalmente pueden llevarse algún importante pequeño *souvenir* para propósitos personales, como sucedió hace tres años con el general Pershing, a quien Gómez obsequió la espada de uno de los héroes de la guerra de la Independencia de Venezuela, extraída del Museo Nacional de Caracas. El distinguido visitante la conservó a despecho unánime de la prensa latinoamericana que desde México hasta Argentina, protestó contra aquel inaudito acto de vandalismo.

Debo también añadir, como cosa curiosa, que los crímenes de Gómez no se refieren solo a la población civil. Ha sentenciado también a numerosos sacerdotes (por ejemplo, al Reverendo Padre Franquis) que se atrevió a censurar su régimen sangriento y fue encerrado en un calabozo con grillos, torturado de modo vergonzoso y finalmente golpeado hasta morir envenenado, sin tomar en cuenta las súplicas del Santo Padre el Papa, para salvar su vida.

Es extraño que hasta ahora ninguno haya tomado ventaja del hecho de que Gómez, liberal suministrador de espadas libertadoras, no sea conocido en los Estados Unidos como *realmente es,* y que en ese país se le haga una biografía ad hoc, pintándole como un ciudadano progresista, temeroso de Dios, padre ideal de una familia feliz de alrededor de sesenta mocosos en una docena de diferentes concubinas, pues Gómez nunca se casó. Esta biografía es la qué realmente hubiera querido hacer, sin *interés monetario.* No debe olvidarse que Gómez paga bien y que existen también ciertos intereses petroleros, con bastante respaldo capitalista detrás de una cortina de miedo, pues viven temerosos de que se diga la verdad sobre Gómez en los Estados Unidos. Si ésta se supiera se vendrían abajo muchas existencias líquidas, y quedaría prevenido el gobierno americano de tratar de sacar las castañas del fuego, después de que el régimen gomecista cayera.

No critico todos esos intereses petroleros por tomar la ventaja que puede surgir de las anormales condiciones que prevalecen en el presente en Estados Unidos, pues *la explotación del petróleo* se ha vuelto un gansterismo en mi país, como la mayoría de las negociaciones.

Si un connotado *explorador de último momento* recientemente alarmó la opinión pública anunciando que había descubierto en Sudamérica un nuevo espécimen de una lagartija gigante llamada *iguana* y armó un barullo gastando una bonita suma de dinero en una elaborada gira de conferencias, ¿por qué entonces no podría permitírsele a un honesto promotor de petróleo en graves aprietos, necesitando urgentemente de una docena de automóviles, de un par de villas y de una cuadra de caballos de raza para su angustiada familia, vaciar un cúmulo de mentiras venezolanas sobre un rebaño de *corderos* y escaparse con el botín? Sería lo justo.

Al leer las anteriores líneas, cualquiera puede darse cuenta por qué soy un revolucionario en mi propio país, Venezuela, y por qué me hice el propósito de combatir hasta el amargo final a Gómez o a cualquier miembro de su gang que pudiera reemplazarlo en el poder.

Durante la segunda quincena de noviembre, 1910, recibí en Caracas una urgente llamada del doctor Rangel Garbiras, el líder del Partido Nacionalista de los estados andinos, quien por razones patrióticas había estado apoyando a Gómez. Estaba muy enfermo —murió dos semanas después— y me hizo prometerle cuando fui a verlo al Valle que después de su muerte yo iría al Táchira, nuestro estado nativo, a salvar al Partido Nacionalista de las destructoras manos de Gómez, que había decidido aplastarlo. Le prometí que haría lo imposible, no obstante saber que Gómez me impediría a todo trance cumplir mi propósito y tal vez incluso llegar vivo a dicho estado. El Táchira era la sección más estratégica de la frontera occidental. Castro y Gómez eran del Táchira y también pertenecieron una vez al Partido Nacionalista de los estados andinos. Esta realidad fue la que indujo al doctor Rangel Garbiras en la creencia de que, a menos que yo tomara el mando del Partido después de su muerte, tanto Castro como Gómez tratarían de exterminarlo.

A decir verdad, no era un trabajo agradable al que me había comprometido, me daba cuenta del milagro de permanecer vivo mientras estuve en Caracas. Pero mi asesinato o encarcelamiento hubiera provocado no solo el escándalo, sino algo peor. Era yo muy popular en la capital, tanto entre la alta sociedad como en el pueblo. Por el tiempo de esta cita estaba yo preparando mi viaje a Europa para terminar mi carrera de doctor en Filosofía. Mis amigos de Caracas, tan pronto supieron el proyecto de mi viaje a San Cristóbal, pusieron el grito en el cielo alarmándose cuando les anuncié que pasaría un largo tiempo entre las salvajes montañas de los estados fronterizos. Sabían que tan pronto abandonara los protectores muros de Caracas, Gómez me echaría sus sabuesos. La espada de Damocles constantemente estaría sobre mi cabeza. Un hombre que *no se vendía* y que constantemente predicaba honestidad política, era una temible amenaza contra el régimen de Gómez, por lo tanto debía ser eliminado a cualquier precio.

A mediados de diciembre llegué a Maracaibo en camino hacia el Táchira. Por aquel tiempo Maracaibo todavía no se había desarrollado como para ser el segundo productor de petróleo en nuestra América. Era, sin embargo, un muy activo puerto que servía de salida a los productores andinos y de la provincia colombiana del norte de Santander.

Cuando nuestro vapor se deslizó suavemente a la entrada del Saco de Maracaibo, observé las grandes murallas de la fortaleza de San Carlos. Allí habían perecido innumerables prisioneros durante las administraciones de Castro y Gómez. No pude dejar de recordar a un amigo mío que había estado allí sufriendo las torturas de un condenado, engrillado y azotado por el bárbaro Eustoquio Gómez. Pensé que yo podía ser una víctima similar, sin sospechar que ya estaba dada mi orden de arresto en la Uracá.

En Maracaibo me encontré con uno de los ingenieros del sindicato petrolero británico, que hacía trabajos de inspección en el Zulia. Había fletado una goleta para llevarlo a San Lorenzo, en la parte este del lago, donde intentaba inspeccionar el distrito de Mene Grande. Me invitó a ir con él. Acepté su invitación deseoso de familiarizarme con aquella parte del lago que nunca había sido explorada. Después de un día de viaje a lomo de caballo, encontramos en la selva cierto manadero superficial de aceite, de color moreno y sólido como el asfalto, en el cual se pudrían los esqueletos de una danta y de un cerdo del monte, cogidos allí como moscas en papel engomado.

A nuestro retorno matamos algunos guacamayos y otras aves de la selva que parecían interesar más a mi amigo que la vista de *la muestra miserable* como llamó al desagüe oleoso. No es sorprendente que el sindicato británico que lo había empleado suspendiera el contrato, dándole la oportunidad a Venezuela de ganar de nuevo el control del petróleo en la zona del Estado Zulia. Un Dorado sin paralelos.

Mientras trataba de cruzar el lago en camino hacia la boca del Catatumbo, donde pensaba tomar un bote fluvial para ir a Encontrados, una nube negra se aproximó a nosotros del lado opuesto del lago. Resultó ser una bandada de hormigas voladoras. Después del crepúsculo, cuando desaparecieron, el cielo se alumbró de nuevo con la luz distante, que producía un relámpago con la regularidad de un reloj, un fenómeno que los geólogos atribuyen a las emanaciones de los enormes depósitos de petróleo que reposan bajo el lago y a la selva que los rodea.

Aquella noche salimos bajo una fuerte tempestad. Las lentas aguas verdes del lago empezaron a agitarse nerviosamente, lo cual podíamos observar por la marea que a través de las espesas sombras a lo largo de los promontorios martillaba con furioso oleaje los arrecifes costaneros. Por poco nos extraviamos una vez en uno de aquellos peculiares pueblos indígenas, levantados con estacas como diez pies encima del agua. Lo que hizo que Alonso de Ojeda, el conquistador, le pusiera el apodo de Venecia a nuestra gran Venezuela.

Una robusta tripulación de maracaiberos condujo nuestro barco con una precisión maestra a través de las hirvientes olas, mientras la tempestad rugía como un león colérico. Algunos de ellos se bajaban en un inquieto cayuco o pequeña piragua, para explorar nuestro paso en la densa oscuridad.

Como la piragua se movía dando tumbos hacia adelante, la lámpara del barco cayó del mástil como una mancha de azufre en un profundo caos. El huracán permaneció agitando los cordajes encima de nosotros con un largo y crujiente aullido.

De repente, así como empezó así terminó la tempestad. Los relámpagos cesaron. El silencio se hizo sobre el negro paisaje. La Luna asomó en el horizonte, para desaparecer de nuevo detrás de las variantes nubes que merodeaban por el cielo.

La madrugada nos encontró instalados en la playa, con una aurora tranquila cubriendo las resguardadas aguas de la laguna cerca de la boca del río Catatumbo. El horizonte era una franja azul marfil. Ni una nube ensombrecía el cielo límpido. Cuando el Sol se levantó desde la cúpula del mundo, una bandada de alegres guacamayos multicolores vinieron a alegrar nuestro paso con sus roncos gritos y revolotearon sobre nosotros cuando nuestra goleta abandonó la bahía.

Un barco fluvial a vapor apareció, en él tomé pasaje. Tan pronto llegué a bordo colgué mi hamaca y envolviéndome en una roja frazada goajira, me entregué al sueño por varias horas.

El barco se dirigió en dirección sur, cortando las aguas con una ligera luz que creció como el sonido de una cometa. Árboles desarraigados pasaron cerca de nosotros, también islas flotantes de húmeda y satinada vegetación vagaban por nuestra corriente, obligándonos a guarecernos de nuevo a lo largo de la curvilínea costa. Algunas horas después abandoné mi hamaca para dispararle a los caimanes que se asoleaban a las orillas de las islas pantanosas, sobre los bancos de césped de la playa, detrás de los guayabos, ceibas y la gigantesca floresta. Cuando el rió agitó sus espumas alrededor de curvados y grises tapires y bandas de locuaces monos, una solitaria garza de penacho plateado, brilló a través de las palmas para desaparecer con la aproximación de nuestro barco.

Finalmente, como un sudario de nubes marfilinas, empezaron a surgir lentamente los brillantes picos nevados de la cordillera de Mérida. El Sol desapareció y sesgadas sombras borraron la playa, envolviendo en mística oscuridad las tierras perdidas de las selvas de las montañas de Perijá, donde de acuerdo con la ciencia ancestral debía encontrarse el Dorado.

Una delgada sombra luminosa se detuvo por un momento sobre la línea occidental, como una ventana sobre la negra pared del cinturón forestal. Luego la oscuridad se hizo más profunda apareciendo las estrellas de la Cruz del Sur una por una, como relucientes joyas sobre el cielo azul turquesa.

En Encontrados, término de la navegación, tomé un tren para la Uracá, estación terminal del ferrocarril del Táchira. En la Uracá un comité de recepción me esperaba. Consistía en un pelotón de infantería con bayonetas desenvainadas, comandadas por un teniente que me saludó declarándome prisionero de Su Excelencia, el Benemérito General Juan Vicente Gómez. Fui escoltado sobre el lomo de un caballo hasta Colón, en el estado Táchira. Desde allí, de acuerdo con el programa del comité, debía ser enviado al siguiente día, condecorado con pesados grillos, a la fortaleza de San Carlos, donde sería huésped por la eternidad. Mi única oportunidad de declinar aquellos honores era tomar pronto contacto con los partidarios políticos que tenía en la capital del estado. Afortunadamente, un desconocido que había viajado a la Uracá en el mismo tren, envió un telegrama a San Cristóbal, donde el presidente y su secretario general, que eran mis amigos, ordenaron que fuera llevado primero a San Cristóbal.

Tan pronto como llegué a ponerme en contacto con el presidente Régulo Olivares, le dije francamente lo que estaba urdiendo. Fui libertado al cabo de una hora. Se me permitió permanecer en el Táchira bajo palabra de no rebelarme mientras Olivares estuviese mandando. Mi llegada, que fue agradable sorpresa para unos, fue embarazosa para otros. Cambié mi vestimenta y me puse en actividad. Aquella noche hablé con algunos de los principales miembros del Partido y al siguiente día, a las cuatro p.m. ordené mil copias de una *carta abierta* que había escrito para ser distribuida. En aquella carta explicaba muy claramente que había venido a aquel estado para cumplir una promesa dada al doctor Rangel Garbiras en su lecho de muerte a fin de impedir que el Partido Nacionalista se volviese un campo de batalla entre Castro y Gómez y que, tan pronto como el general Olivares se retirara de la presidencia, yo intentaría plantar una protesta formal contra el gobierno a la cabeza del Partido armado. *Enumeraba los clamores que el pueblo de Venezuela mantenía contra el gobierno para justificar la protesta armada —el otorgamiento de concesiones ilegales a amigos y parientes de Gómez, que pretendían vender las riquezas del país a intereses extranjeros.*

Mantuve aquel fuego impreso durante los siete meses que permanecí en el Táchira. A fin de organizar el movimiento que había hecho efectivo con mis publicaciones, hacía frecuentes viajes a Cúcuta y otras partes de la frontera colombiana del norte de la provincia de Santander, así como diferentes excursiones a los llanos, de donde surgieron los más resueltos guerreros de Venezuela.

La frontera colombo-venezolana se desvía en la ciudad de Pamplona. Cincuenta millas al sur de Cúcuta, en dirección oriental y después de cortar un denso cinturón forestal que cubre la falda de la cordillera andina, sigue el río Arauca, desde Arauquita, donde empiezan los llanos hasta el punto lejano de la ciudad ganadera del Viento, donde siguiendo la línea de su calle principal toma la dirección sur hasta que topa con el río Meta. Alrededor de cien millas antes de su confluencia con el Orinoco.

Entre las corriente bajas y centrales del Meta, que corren paralelas al Arauca y el río Apure, que también sigue en la misma dirección y desemboca en el Orinoco al norte del Arauca, se encuentran los famosos llanos, nuestras inmensas praderas. Ricas en ganado y mucho más ricas en productos tropicales que las pampas argentinas. Pero más que por su ganado son interesantes sus hombres. La caballería más temida de Sudamérica en las guerras de la Independencia.

Para llegar a los llanos tuve que burlar la guardia de las guarniciones de Gómez en el Amparo y Periquera. El Arauca arriba y el Apure estaban fuera de la autoridad del presidente Olivares.

Me mantuve extremadamente ocupado durante aquellos siete meses. Nuestro partido estaba desmoralizado. Muchos de sus miembros se habían infectado con el virus Castro-Gómez. Corrupción y falta de disciplina fueron los mayores obstáculos a los que tuve que poner el hombro desde un principio. Y para complicar las cosas allí estaba el general Hernández (el Mocho), cabeza del Partido Nacionalista de Venezuela, al cual nos habíamos unido. Deseaba fusionar ambas partes. Contra ello sin embargo había objetado el doctor Rangel Garbiras y nuestros amigos. Pensé que era una buena idea, pero no podía obligar a los otros miembros del Partido, que apelaban por su autonomía.

*A través de todos los obstáculos y facilidades, nos preparábamos para demostrar a Gómez que a Venezuela no la podía vender de esa manera, que ya se encontrarían los hombres que dieran su vida para prevenir la consumación de transacciones comerciales que iban en detrimento de los intereses nacionales y de la dignidad nacional.* Durante mis correrías a través de las sabanas del Arauca tomé contacto con nuestros partidarios y nos preparamos para el golpe.

Para la realización de nuestro plan contábamos con quince mil rifles y muchos millones de municiones. Estaban en poder del cuartel del Táchira. El presidente Olivares, dándose cuenta que tarde o temprano Gómez lo reemplazaría por uno de sus íntimos amigos, había hecho irrevocables avances hacia nuestro partido. Gómez no era ningún tonto. Sabía perfectamente que si Olivares me había puesto en libertad no era por mi inocencia, sino porque deseaba mi apoyo y estaba listo a pactar con nosotros.

Nuestro éxito, por lo tanto, dependía enteramente de si Olivares tendría suficiente energía para respaldarnos cuando Gómez lo reemplazara. Pero como siempre sucede, habíamos apuntado en el caballo que no era. Tan pronto como Olivares recibió órdenes de Gómez de entregar el mando militar a Eustoquio —el famoso de San Carlos— se atemorizó y se fue a Curazao. Dio como explicación que no podía traicionar a su jefe. Pero en Curazao decidió no seguir a Caracas como se le había ordenado, sino que partió hacia New York. ¡Allí lanzó el grito de revolución! Es una vieja historia.

Si Olivares hubiera estado deseoso de combatir a Gómez, ha debido permanecer con nosotros y enriquecer nuestro arsenal con los rifles y municiones que tenía a su disposición. Como resultado de su extraño proceder, nuestra situación se volvió extremadamente crítica. Nos encontramos montados sobre un árbol demasiado alto. Con Eustoquio controlando el estado, no había oportunidad para armar nuestros hombres adecuadamente. Quedamos prácticamente indefensos. Del lado de Colombia no podía obtenerse un solo rifle. El único armamento con que contábamos estaba en la guarnición de Cúcuta —fuera del cual había solamente retazos sobrantes. Gómez mantenía coaccionada la frontera, con la amenaza constante de cerrarla. A través de ella pasaba constantemente el café y otros productos del norte de Santander para el mercado mundial. A menudo las autoridades colombianas impedían, a solicitud de Gómez, que los rebeldes líderes venezolanos se aproximaran de la frontera a cincuenta o cien millas a la redonda.

Estábamos en peligro de ser encarcelados en cualquier momento. Antes que sentarnos y quejarnos, resolví tomar cualquier oportunidad que se me ofreciera.

*Me abrí brecha a través de las patrullas de Eustoquio. Crucé la frontera cerca de Aguas Calientes y después de seis semanas recrucé la de Venezuela, retornando a la cabeza de ochenta hombres divididos en dos grupos, con la intención de elevar a la manera militar, una formal protesta contra el gobierno gomecista, una protesta escrita por venezolanos armados, que exponían su vida para hacerla efectiva. Este era el documento, archivado ahora en el London Foreign Office, que declaraba nulos e ilegítimos todos los monopolios y concesiones otorgados con violación de las leyes existentes antes de la invasión de Gómez, a menos que se revisaran favorablemente por las cortes venezolanas, después que fuera restablecida normalmente la situación. Esta fue nuestra actitud de ayer. Esta es nuestra actitud de hoy.* Lamentablemente no pudimos mantener nuestros éxitos iniciales. Se habían introducido espías en nuestras filas. Muchos hombres a lo largo de la frontera limpiaban sus revólveres, a falta de mejores armas, para unirse a nosotros, cuando la noticia de la traición se extendió. Nos vimos forzados a regresar a Colombia, después de haber llegado a los suburbios de San Cristóbal. Pero habíamos levantado la primera protesta armada y por lo tanto legal, contra el régimen que un periódico alemán llamó *un borrón en las páginas de la historia de las naciones civilizadas.*

Al retornar a Colombia desbandé a mis hombres. Poco después fui objeto de una emboscada por un grupo de treinta policías colombianos, comandados por un capitán. Me desarmó y me llevó a Cúcuta. Pude escaparme dándole un golpe al capitán en la cabeza y saltando desde un precipicio al río Táchira, antes de que los gendarmes pudieran abrir fuego.

Dos días después se me tendió una nueva celada, mientras cabalgaba a través de la noche —en un caballo prestado— a tal velocidad que pude llegar a las montañas Gramalote, donde un hombre se siente libre. Allí se me unieron varios de mis compañeros y una pandilla de caballeros despreocupados que no querían perecer a manos de gendarmes de cualquier lado de la frontera. Sentían por mí un gran respeto. Se comportaban admirablemente mientras andaba en mis correrías. Las montañas Gramalote eran por este tiempo la meca para todos aquéllos que no se apoyaban en otra ley, que la de sus propias manos. Algunos de aquellos caballeros habían tenido que huir a la montaña debido a cierto pequeño asunto el día de las elecciones, algo inevitable e importante, se sobrentiende. O por robar caballos, o por un tiro de revólver accidental, pero con buena puntería. Eran buenas personas y en algunas circunstancias magníficos espalderos que me protegían contra las persistentes propuestas del gobernador Cortés, en Cúcuta. Cortés, como la mayoría de los oficiales colombianos a lo largo de la frontera, era mi amigo personal. Esto me permitía ocasionalmente conocer antes de ocurrir, los movimientos de sus gendarmes. Cortés y yo comíamos y bebíamos juntos en el club frecuentemente, me temo que con exceso. No parecía muy dispuesto a capturarme.

Fue en aquellas mismas montañas, diez años después, aislado del mundo como un ermitaño, cuidado por un centinela y bajo el patrocinio de pequeños monos que mezclaban sus chillidos con la inspiradora música de un torrente, que escribí mi libro *Cuatro años bajo la media Luna,* curvado desde la aurora hasta el ocaso sobre una mohosa máquina de escribir, tratando de estampar mis aventuras en Turquía, estimulado por el exuberante ambiente que parecía sonreírme y animarme en ¡un esfuerzo más, hijo mío, uno más!

Tras una estada de varios meses en los montes de Gramalote recibí mensaje del gobernador Cortés informándome que estaba en la libertad de regresar a Cúcuta, si lo deseaba, y permanecer allí sin ser molestado.

Buenas noticias. Me atavié para esta ocasión. Traje de montar en lino blanco, polainas de patente, espuelas de plata, sombrero de pelo de guama. Dos días después estaba en el patio de la gobernación preparándome a estrechar la mano de Su Excelencia. Instantáneamente fui rodeado por una soldadesca ataviada con pantalones rojos y desenvainadas bayonetas, y antes de que pudiera romper su cerco apareció el secretario del gobernador de parte de Su Excelencia, lo que me impidió cometer una imprudencia.

Nunca me había enfadado tanto, y cuando entré en el despacho de Cortés expuse mi opinión en alta voz. Él me apaciguó explicándome que Gómez había tratado de enviar tropas venezolanas con el fin de desalojarme de las montañas Gramalote a menos que el gobierno de Colombia hiciera algo dentro de un tiempo estipulado. Para impedir complicaciones internacionales, había sido inducido, por estrictas órdenes de Bogotá, de hacerme una jugada que él no había aprobado. Me aseguraba, sin embargo, que sería tratado en Bogotá como huésped de honor del gobierno de Colombia. Cortés tenía el presentimiento de que me encantaría conocer al presidente Restrepo y su gabinete y pasar una temporada en aquella hermosa ciudad. De modo que salí para Bogotá, donde, para colmo de mi tragedia, llegué sin mi sombrero de copa. Por aquel tiempo nadie podía ser considerado en Bogotá, como un auténtico caballero, si no llevaba su pumpá.

Mis dos meses en Bogotá fueron realmente muy agradables. Allí conocí y me hice muy amigo del notable explorador americano, Alexander Hamilton Rice, por entonces en camino a las cabeceras del Putumayo. Rememoro aquellos tiempos con gratitud. Todo el mundo era amable conmigo, desde el presidente hasta el más humilde reportero. Yo era un huésped a la fuerza, pero hacían lo posible para que me sintiera huésped de verdad. Finalmente se hicieron los desentendidos cuando, en vez de tomar el tren para Girardot, donde se toma el barco vía New York, montando mi pura sangre, una alta yegüita torda y ganando kilómetros vía Sogamoso y Labranza Grande, me dirigí hasta los llanos, para salvar lo que quedaba del naufragio de nuestro anterior movimiento revolucionario.

Valentín Pérez, creyendo que iba a quedarme por el resto de mi vida en Bogotá, invadió a Venezuela por el Arauca. En dos meses gastó las municiones y tuvo que batirse en retirada. Había sido vencido en la frontera, y de acuerdo a la información que había recibido en Bogotá, se encontraba escondido en cierta parte de las aguas bajas del Capanaparo, al este de la Laguna de Término, en el territorio venezolano.

Para obligar a los gendarmes a correr tras el *huésped de honor,* dirigí mi yegüita hacia el este, hundiéndome en el territorio salvaje de los indios al sur de Pore, donde bien sabía que ellos no me seguirían. Esto era lo mismo que saltar de una sartén hirviendo para caer dentro del fuego.

A los pocos días vi varias rancherías abandonadas. Ominoso signo de que los indios habían sido molestados. Huesos carbonizados entre las cenizas eran evidencia de violentos ataques. Conservé mi sangre fría. Tomé la dirección norte pensando, que si no caía en manos de los indios llegaría a las ruinas de la famosa colonia jesuita de Caribabare. Todo el camino estuve cauteloso, observando las orejas de mi yegua. Era un animal muy inteligente. Estaba seguro de que me avisaría el peligro. Una vez se detuvo rápidamente para husmear el aire. Sabía lo que esto significaba.

Me dispuse a escudriñar la selva circundante por un rato. Me deslicé de la silla y quitándome las sandalias, llevé a la yegüita amarrada a un trozo de alta yerba a través del cual yo podía divisar las ruinas de lo que parecía otro rancho ganadero invadido. De pronto la yegüita dio un brinco y un bufido, arrebatando de mis manos las riendas, mientras caía de espaldas, pataleando en el aire. Una matacaballo la había picado en el pecho.

Furioso, como si un ser humano hubiera sido muerto a traición en mi presencia, partí en dos la araña con mi machete antes de que pudiera desaparecer en la maleza. La mordida de una matacaballo es inocua para el hombre y los animales, con excepción de los caballos, mulas o burros, quienes, después de ser mordidos, se desangran a través de sus poros. La yegüita estaba desangrándose jadeante a mis pies. Me partía el alma la angustia al ver a mi fiel e inteligente compañera, a la cual no podía socorrer. En menos de veinte segundos había muerto. Su cabeza reposando sobre mis rodillas.

Sus tristes ojos canela mirándome. Una mirada que traspasaba mi esqueleto de una gran pena que no me arrepiento en confesar.

Debo haber estado arrodillado por un rato con la cabeza de mi yegüita sobre el pecho, cuando el sonido de un galope me hizo volver a la realidad. Creí primero que eran algunos gendarmes que seguían mis huellas, pero los caballos a galope pertenecían a dos llaneros ganaderos, que se dirigían en mi dirección a toda velocidad. Uno de ellos gritó *¡indios!* y halándome por la camisa me ayudó a saltar detrás de él en su caballo. A nuestro veloz paso, una docena de flechas cruzaron por el aire. El silbido de una bala pasó cerca de mi cabeza.

Aquella noche acampé entre las ruinas de Caribabare. Los llaneros me contaron que se habían perdido en aquellas malas tierras tratando de localizar algunos caballos extraviados. Después de rondarlas por dos días habían llegado cerca de los indios goajibo, quienes los habían perseguido.

Me prometieron regresar a su rancho y traerme un caballo. Me dejaron ciertas provisiones, una hamaca y un mosquitero. Los llaneros son los caballeros de esta región.

Caribabare era un extraño sitio. Cierto misterioso sentimiento mítico se levanta de aquel montón de ruinas que datan desde que el comienzo de la civilización espiritual se introdujo en la selva, ahora abatida por la misma selva, que yace bajo una espesa cortina de enredaderas, habitada por serpientes. Era difícil localizar el sitio de la imponente colonia jesuita que había estado allí doscientos años antes, hasta que los Padres fueron expulsados por el rey Carlos III. Los hombres de esta apartada región decían que allí había un tesoro enterrado, tal vez tras las paredes del monasterio o en una cámara subterránea maldita a través de la pared de roca en el lado opuesto del riachuelo. El tesoro parecía contener valiosas joyas, desde ornamentos de santos y un crucifijo, de diez pies de alto, construido en oro y marfil, que presidía el altar mayor de la capilla. No hay informe de que los jesuitas se lo hubiesen llevado cuando abandonaron el país. No es por eso extraño que más de un llanero, sintiendo la fiebre del tesoro bullir en sus venas, penetrara en esta tierra de desolación y muerte, donde el jaguar levanta su rugido y no hay ecos devueltos al silencio secular de estos parajes.

Caribabare es famoso también por sus fantasmas. Se cuenta que de noche por estas ruinas vagan vampiros en forma de sacerdotes venerables, retorciendo sus manos entre lamentos, sus cuerpos torturados brillando como carbones encendidos.

Tan pronto como se fueron los llaneros, busqué un sitio adecuado para pasar la noche. Tras una rápida ojeada decidí dormir en el viejo patio de la iglesia, que estaba resguardado por una alta pared. Estaba menos cubierta de vegetación y me era más fácil construir un sitio limpio con mi machete.

Colgué mi hamaca y mi mosquitero entre dos árboles de guama. Prendí fuego para alejar a los reptiles intrusos. Cuando terminaba mis operaciones un Sol color ladrillo se hundía más allá de la selva, hacia el interminable llano. Sus pálidos rayos brillando sobre los árboles le conferían a la cordillera una superficie luminosamente aterciopelada. Las voces de la selva empezaban a levantar sus coros en la noche.

Después que comí me senté frente a las chisporroteantes llamas del fuego de mi campamento, tomando conciencia del ambiente. Me parecía que los ojos de mi yegüita muerta me miraban en la oscuridad, reprochándome por no haberla salvado... Ni un solo fantasma apareció. Nada estorbaba mis pensamientos, excepto un par de silenciosos jaguares que rondaban las ruinas con sus ojos brillantes. Ocasionalmente gruñían ante mi oscilante mosquitero, que probablemente los asustaba cuando la brisa lo abombaba o encogía. Toda la noche estuve frente al fuego, quieto como un Buda, con mi machete y mi revólver listos. Nada aconteció, felizmente para mí, o para los jaguares.

Hablando de fantasmas, nunca me encontré con ninguno, salvo una vez en Alemania, hace algunos años... Siendo huésped del Barón Von X, una dama vestida de blanco se me apareció. Habíamos estado todo el día cazando a caballo. Cuando llegó la noche las damas fueron acomodadas en el ala izquierda del pasadizo superior del castillo, mientras los caballeros ocupaban el ala derecha. Mi cuarto era el primero del ala derecha, frente al primero del ala izquierda. Aquel día había habido un gran baile, en *grande tenue,* complementado de condecoraciones y toda la pompa del caso. Habíamos pasado una maravillosa noche bailando y bebiendo. Todos nos sentíamos embriagados.

Después de haberme acostado como a las tres a. m., me quedé por un tiempo sentado, fumando y lamentando la brevedad del día. La Luna brillaba a través de las altas ventanas haciendo arabescos fantásticos sobre la alfombra persa. Una lechuza graznó tristemente en un árbol cercano. El ambiente estaba como para sombríos acontecimientos, cuando, horrorizado, vi que la puerta se abría silenciosamente. Un fantasma entraba en mi habitación. Un fantasma rubio vestido de blanco. Avanzaba resueltamente hacia mí. Debo haber perdido el conocimiento. Cuando volví en sí, la visión se había desvanecido.

Nunca he sentido tanto miedo en mi vida. Debe haber impresionado a otros invitados también. Cuando conté al siguiente día, a la hora del desayuno, lo que me había ocurrido, una bonita condesa rubia que estaba sentada frente a mí enrojeció, furiosamente... Insistía en que me la llevara a Berlín inmediatamente, pues no quería permanecer un minuto más en aquel viejo castillo de extraños fantasmas.

## Libros a la carta

A la carta es un servicio especializado para

empresas,

librerías,

bibliotecas,

editoriales

y centros de enseñanza;

y permite confeccionar libros que, por su formato y concepción, sirven a los propósitos más específicos de estas instituciones.

Las empresas nos encargan ediciones personalizadas para marketing editorial o para regalos institucionales. Y los interesados solicitan, a título personal, ediciones antiguas, o no disponibles en el mercado; y las acompañan con notas y comentarios críticos.

Las ediciones tienen como apoyo un libro de estilo con todo tipo de referencias sobre los criterios de tratamiento tipográfico aplicados a nuestros libros que puede ser consultado en Linkgua-ediciones.com.

Linkgua edita por encargo diferentes versiones de una misma obra con distintos tratamientos ortotipográficos (actualizaciones de carácter divulgativo de un clásico, o versiones estrictamente fieles a la edición original de referencia).

Este servicio de ediciones a la carta le permitirá, si usted se dedica a la enseñanza, tener una forma de hacer pública su interpretación de un texto y, sobre una versión digitalizada «base», usted podrá introducir interpretaciones del texto fuente. Es un tópico que los profesores denuncien en clase los desmanes de una edición, o vayan comentando errores de interpretación de un texto y esta es una solución útil a esa necesidad del mundo académico.

Asimismo publicamos de manera sistemática, en un mismo catálogo, tesis doctorales y actas de congresos académicos, que son distribuidas a través de nuestra Web.

El servicio de «libros a la carta» funciona de dos formas.

1. Tenemos un fondo de libros digitalizados que usted puede personalizar en tiradas de al menos cinco ejemplares. Estas personalizaciones pueden ser de todo tipo: añadir notas de clase para uso de un grupo de estudiantes,

introducir logos corporativos para uso con fines de marketing empresarial, etc. etc.

2. Buscamos libros descatalogados de otras editoriales y los reeditamos en tiradas cortas a petición de un cliente.